ACOMPAÑANDO EL TRAUMA: GUÍA PARA EL CUIDADO EMOCIONAL Y ESPIRITUAL

SANTIAGO REALES

Publicado por: Santiago Reales
Mount Airy, NC United States of America

Este libro contiene las ideas y opiniones del autor, y tiene como propósito ofrecer información útil sobre los temas aquí tratados. No pretende sustituir el consejo profesional. Se recomienda al lector consultar con un consejero, terapeuta o profesional de la salud mental antes de aplicar cualquier sugerencia incluida en este texto o derivar conclusiones para uso personal.

El autor y el editor declinan toda responsabilidad por cualquier efecto, pérdida o riesgo —personal o de otro tipo— que pueda derivarse, directa o indirectamente, del uso o aplicación del contenido de esta obra.

Diseño del libro y de la portada: Santiago Reales
Fotografía de la cubierta:
Camino en el Kanuga Center © Santiago Reales

ISBN: 979-8-218-72992-9

Categoría: /Trauma / Salud mental / Iglesia / Teología

Este libro está dedicado a mi esposa Elaine,

y a mis hijos Ben y Matthew

A quienes acompaño y me acompañan

en el camino de la vida

CONTENIDO

INTRODUCCIÓN

"Padre de misericordias y Dios de toda consolación,
Solo hay uno"

E l 7 de octubre de 2023 el mundo se enteraba del ataque del grupo de militantes Hamas en el sur de Israel. Eran impactantes las imágenes y videos del ataque. La prensa anunciaba los secuestros de más de 100 personas desencadenado una crisis masiva de rehenes, sumiendo a las familias en el terror e inyectando una nueva y compleja dimensión de sufrimiento en esta guerra. Familias reportaban con tristeza y duelo las pérdidas de seres queridos. Secuestrados de sus hogares y secuestrados en un festival de música, los rehenes fueron atados en la parte trasera de camiones y llevados a la Franja de Gaza, dijeron familiares en entrevistas. Entre ellos: una madre y sus dos hijas pequeñas, el director de un restaurante y un DJ de poco más de veinte años. Ninguno de sus familiares ha sabido nada de ellos desde el día del secuestro. Una joven en la radio expresaba "estamos viviendo momentos de horror y trauma. No sé qué hacer." De acuerdo con el Washington post, al final del fin de semana había 22 estadounidenses muertos y otros desaparecidos mientras Israel iba a la guerra contra Hamás. Mientras que los israelitas recuperaban 260 cadáveres del festival de la Tribu de Nova. Algunos viajaron a la zona para buscar a sus familiares en hospitales cercanos. Luego vieron un vídeo publicado por militantes de Hamas, que parecía mostrar que muchos de ellos estaban vivos, pero ahora era rehenes. "Fue el día más horrible de nuestra vida y la vida de mi familia", dijo un familiar. El sufrimiento físico, emocional, y espiritual son evidentes cuando nos enfrentamos a experiencias de dolor como las mencionadas anteriormente. Aún más, ellas no solo complican el proceso de duelo, sino que también producen traumas que requieren atención.

Toda persona, sin excepción, está expuesta al duelo, al trauma y a la pérdida de forma personal o colectiva. La única diferencia es el contexto y el momento en que ocurre. La pérdida es una emoción universal y se define como la ausencia de algo que una persona ya no tiene o que tiene menos. La respuesta personal o colectiva ante una pérdida significativa se define como duelo, que es el medio corporal, cognitivo, emocional y espiritual a través del cual afrontamos la pérdida de algo significativo o de alguien significativo. El duelo puede ser traumático. La Administración de Servicios de Salud Mental y Abuso de Sustancias (SAMHSA) describe el trauma individual como el resultado de "un evento, una serie de eventos o un conjunto de circunstancias que una persona experimenta como física o emocionalmente dañinas o potencialmente mortales y que tiene efectos adversos duraderos, efectos sobre el funcionamiento y el bienestar mental, físico, social, emocional o espiritual de una persona".[1] Los traumas pueden ser físicos, psicológicos o una combinación de ambos. "El trauma físico es una lesión o herida producida violentamente, y la condición física y psicológica resultante. Si bien el trauma psíquico es una experiencia emocionalmente impactante que tiene un efecto psíquico duradero, generalmente se clasifica como trastorno de estrés postraumático".[2] El trauma y la pérdida pueden llevarnos a enfrentar dificultades en el proceso de duelo y adaptación en la sociedad.

Desde una perspectiva contextual, el sufrimiento causado por un trauma emocional o psicológico no es un tema extraño a la comunidad Hispana/Latina. Se trata de una realidad compleja que abarca una magnitud de experiencias, como la inmigración y el éxodo de individuos y familias que, al llegar a una nueva sociedad, enfrentan conflictos

---

[1] SAMSHA's Programs and Campaigns, "Trauma and Violence," *Substance Abuse and Mental Health Services Administration SAMSHA*, accessed March 22, 2022, from https://www.samhsa.gov/trauma-violence#:~:text=SAMHSA%20describes%20individual%20trauma%20as,physical%2C%20social%2C%20emotional%2C%20or.

[2] W. R. Monfalcone, "Trauma," in *The Dictionary of Pastoral Care and Counseling*, ed. Rodney J. Hunter (Nashville: Abingdon Press, 1990), 1287.

emocionales derivados de la pérdida de identidad, la soledad, la discriminación, la violencia doméstica, el abuso sexual, la falta de solidaridad y el duelo y trauma no resueltos. Cada persona lleva consigo una historia que, compartirla con empatía, puede convertirse en una fuente de consuelo y acompañamiento para quienes sufren. En este sentido, el corazón de este libro se encuentra en poderosa narrativa de 2 Corintios 1: 3-4, donde se describe a Dios como el "Padre de misericordias y Dios de toda consolación":

> 3 Bendito sea el Dios y Padre de nuestro Señor Jesucristo, Padre misericordioso y Dios de toda consolación, 4 quien nos consuela en todas nuestras tribulaciones para que, con el mismo consuelo que de Dios hemos recibido, también nosotros podamos consolar a todos los que sufren. (2 Corintios 1: 3-4, NIV)

En este texto, el apóstol Pablo comienza su enseñanza con una bendición que exalta a Dios por el consuelo otorgado a Pablo y sus colaboradores en tiempo de angustia. El pasaje establece uno de los temas principales de la carta: consuelo y apoyo en tiempos de aflicciones. Pablo, que como persona había vivido crisis personales, motiva a los hermanos corintios a contemplar solidariamente las posibilidades de ser resilientes ante las aflicciones con la ayuda de un Dios compasivo, que se encuentra en cada angustia. Primero, en el versículo tres, Pablo describe a Dios como un ser amoroso y lleno de misericordias (griego οἰκτιρμῶν-Oiktirmos), que siempre está dispuesto a ayudar a los creyentes con todo su consuelo (griego παράκλησις-Paraklesis). Luego en el versículo cuatro, Pablo hace consciente que el consuelo recibido de Dios en toda dificultad (griego θλῖψις -Thlipsis) o sufrimiento, capacita a los creyentes para poder ayudar o consolar (griego παρακαλέω - Parakaleō) a los que sufren (θλῖψις - Thlipsis) o afrontan problemas.[3] De esta manera, se puede concluir que

---

[3] J. Paul Sampley, *The Second Letter to The Corinthians* in *The New Interpreter's Bible*, Vol. XI (Nashville: Abingdon Press, 1994), Ministry Matters. https://www-ministrymatters-com.ezproxy.gardner-webb.edu/library/#/tnib/86dac6525d8fbfb7191852e51a8ab646/2-corinthians-13-11-blessing-of-god.html (accessed January 11, 2022).

toda persona que ha experimentado el amor y el poder consolador de Dios también puede obtener la capacidad y el poder para apoyar y consolar a su prójimo en momentos de aflicción o crisis.

El apoyo en tiempo de crisis requiere personas capaces de acompañar a individuos con experiencias abrumadoras que han alterado sus valores y sentido de vida; buscando recuperar su normalidad o equilibrio. Una crisis es un momento de ruptura en la vida de una persona. Es una experiencia que genera cambios intensos, tensiones profundas y una sensación de pérdida de control. Lo más desconcertante de la crisis es que, al ser una situación inédita para quien la atraviesa, muchas veces la persona no cuenta con los recursos emocionales, espirituales, psicológicos, sociales o incluso económicos para afrontarla de manera adecuada. En estos momentos, el sufrimiento es real y la necesidad de acompañamiento es urgente. Desde el acompañamiento pastoral, entendemos que la crisis puede surgir por muchas causas distintas, y cada una de ellas toca el corazón humano de una manera única. Richard James y Burl E. Gilliland señalan diversas fuentes que pueden dar origen a una crisis[4] :

• Trastornos mentales o emocionales: Una persona que ya vive con ansiedad, depresión u otras condiciones psicológicas puede entrar fácilmente en crisis si no recibe el cuidado adecuado.

• Eventos traumáticos: Incidentes críticos como actos de violencia, accidentes, pérdidas inesperadas o enfermedades graves pueden convertirse en el punto de quiebre para el equilibrio emocional.

• Impotencia social: A veces, una crisis se produce cuando la persona, o incluso una comunidad entera, no encuentra soluciones disponibles dentro de los sistemas tradicionales para resolver sus problemas.

---

[4] Richard James & Burl E. Gilliland. *Crisis Intervention Strategies.* (Belmond, CA: Brooks/Cole; Cengage Learning- 7th edition, 2013) 54.

• Relaciones deterioradas: El entorno familiar o de cuidado puede, en ciertos casos, ser fuente de tensión, abandono o abuso, contribuyendo al desgaste emocional y espiritual.

• Crisis como oportunidad: Desde una perspectiva esperanzadora, el significado chino para "crisis" está compuesto por dos símbolos: uno representa el peligro y el otro la oportunidad. Esta imagen nos recuerda que, incluso en medio del dolor, pueden abrirse caminos nuevos para el crecimiento, la sanación y la transformación.

• Crisis metastásica: Se refiere a cuando un problema pequeño no es atendido y, poco a poco, se expande, afectando múltiples áreas de la vida de una persona o comunidad.

Además, hay factores que pueden hacer que una crisis sea más o menos intensa: la gravedad de la situación, el nivel de apoyo familiar o comunitario, experiencias pasadas no sanadas y los recursos que la persona tenga para afrontarla (como la fe, la red de apoyo o el acceso a servicios de salud mental).

Como acompañantes pastorales y clínicos, estamos llamados a reconocer la crisis no solo como una interrupción dolorosa, sino también como una oportunidad para cuidar, escuchar y acompañar. En palabras del apóstol Pablo:

> *"Ayúdense unos a otros a llevar sus cargas y así cumplirán la ley de Cristo."* *(Gálatas 6:2, NVI).*

En tiempos de crisis, más que respuestas, a menudo lo que se necesita es presencia. Una presencia compasiva, respetuosa y esperanzadora que refleje el amor de Dios y afirme el valor sagrado de cada persona, incluso —y especialmente— en sus momentos de mayor vulnerabilidad.

Es importante enfatizar que quienes ejercen esta labor comprendan dos importantes principios centrales: el amor y la sanidad. El amor al prójimo es un pilar fundamental de acompañamiento y cuidado pastoral. En este texto describo el cuidado pastoral como el ministerio integral ofrecido por líderes ordenados y laicos dentro de la comunidad de fe, que acompaña a las personas a lo largo del ciclo de la vida en sus momentos de sanidad, crecimiento, crisis o discernimiento. Se expresa como un servicio holístico que considera al ser humano en su totalidad — emocional, espiritual, relacional y cultural—, buscando promover el bienestar (Shalom) mediante el amor, la gracia y la escucha compasiva. Este cuidado intencional conecta la teología con la experiencia humana concreta, y se ofrece desde una actitud de presencia confiable, al estilo de Jesucristo, con apertura a los contextos culturales y sociales de quienes buscan apoyo.

Dios siempre está presente en una relación pastoral amorosa que atiende las necesidades espirituales del ser humano. El llamado al acompañamiento requiere amar a las personas, aun en circunstancias difíciles o desafiantes. Este llamado está enraizado en el mandato que Jesús nos dejó: *"Ama al Señor tu Dios con todo tu corazón, con toda tu alma, con todas tus fuerzas y con toda tu mente"*, y *"Ama a tu prójimo como a ti mismo"* (Lucas 10:27). En consecuencia, cuidar a los demás requiere aceptación y empatía, lo que implica valorar, escuchar y acompañar a las personas sin importar sus circunstancias.

El Antiguo Testamento revela un Dios que cuida de su pueblo, guiándolo a mantener y restaurar su relación con Él, con la comunidad y con sus semejantes. En contraste, el Nuevo Testamento nos muestra a Jesús practicando la "ley del amor", una ética que luego fue adoptada por los apóstoles para brindar un cuidado espiritual integral a la creciente comunidad cristiana. Jesús proclamó esta ley en múltiples ocasiones: "Ama a tu prójimo", "Ama a tus hermanos y hermanas", "Ama a los demás", "Ama incluso a tu enemigo".

Tres imágenes poderosas que sustentan este enfoque de acompañamiento son:

1.   El Gran Mandamiento (Lucas 10:27)

2.   Jesús lavando los pies de sus discípulos en la última cena
(Juan 13:34-35)

3.   La parábola del Buen Samaritano (Lucas 10:25-37)

Además del amor, el cuidado pastoral requiere caminar junto a individuos en su dolor y sufrimiento. El término griego *Parakaleo*, usado en el Nuevo Testamento, refleja esta labor. Significa aconsejar, consolar, exhortar y animar. Estos términos son esenciales en el proceso de sanidad. En 2 Corintios 1:3-4, Pablo usa esta palabra para describir la compasión y el consuelo de Dios: *"El Dios de toda consolación nos consuela en nuestras tribulaciones para que también nosotros podamos consolar a los que sufren"*.

En este proceso de sanidad, el rol de acompañar llega a ser un recurso para que otros experimenten paz, libertad espiritual, reconciliación y perdón. La sanación implica ayudar a las personas a desarrollar sentimientos, actitudes y comportamientos constructivos que les permitan enfrentar su realidad con esperanza.

Ciertamente, Dios nos creó para tener comunión con Él y con quienes nos rodean. Nos llamó a cuidar del mundo en el que vivimos y de quienes comparten nuestro camino. Este cuidado abarca las creencias espirituales, las tradiciones de fe y las fuentes naturales de fortaleza interior que cada persona posee. En este sentido, la sanidad es un proceso transformador que no solo busca restaurar a la persona a su estado anterior, sino que la impulsa a trascender su condición y encontrar un propósito renovado. La sanidad es una experiencia de fe y restauración en la que los símbolos religiosos ayudan a las personas a aceptar su condición humana y encontrar el sentido de la vida en medio del sufrimiento.

Así, el acompañamiento espiritual involucra una combinación de amor y sanación, basada en la convicción de que Dios camina con nosotros en medio del sufrimiento. Todo aquel que ejerce el llamado del acompañamiento, este llamado es reflejar el amor de Cristo a través de la presencia, la escucha y la compasión, facilitando espacios de sanidad donde las personas puedan encontrar paz, esperanza y restauración. En última instancia, el amor al prójimo y la sanación espiritual son manifestaciones concretas de la gracia de Dios en el mundo, recordándonos que, aun en medio del dolor, Dios sigue obrando para traer vida y esperanza.

Este libro tiene como propósito explorar el trauma a través de una perspectiva bíblica, integrándolo con la antropología para que, de manera sinergética, descubrir principios de autoayuda personal y colectivo. Su objetivo es brindar herramientas a quienes acompañan y cuidan a otros dentro de las comunidades de fe.

CAPÍTULO 1

El Cuidado del Trauma en la Comunidad de Fé

"Una comunidad cristiana es sanadora, porque participa de la experiencia de vivir la fe celebrada en los sacramentos, en la liturgia, en el servicio amoroso atendiendo no solamente las necesidades materiales sino también curando relaciones heridas por medio del perdón, la reconciliación, y siendo presencia de Cristo unos con otros en el camino de la vida, y en la relación con toda la Creación."

Marianela de la Paz Cot

D e acuerdo con el Centro Nacional del PTSD No es raro pasar por un trauma. Aproximadamente 6 de cada 10 hombres (o el 60 %) y 5 de cada 10 mujeres (o el 50 %) experimentan al menos un trauma en su vida. Las mujeres tienen más probabilidades de sufrir agresiones sexuales, y abuso sexual infantil. Los hombres son más propensos a sufrir accidentes, agresiones físicas, combates, desastres o presenciar muertes o heridas.[5] La Administración de Servicios de Salud Mental y Abuso de Sustancias SAMHSA describe el trauma individual como el resultado de "un evento, serie de eventos o conjunto de circunstancias que una persona experimenta como física o emocionalmente dañinas o potencialmente mortales y que tiene efectos adversos duraderos en el funcionamiento mental de una persona, su bienestar físico, social, emocional o espiritual."[6] Esto significa que el

---

[5] U.S. Department of Veterans Affairs, "How Common is PTSD in Adults," *PTSD: National Center for PTSD*, accessed January 13, 2024, https://www.ptsd.va.gov/understand/common/common_adults.asp.

[6] SAMSHA's Programs and Campaigns, "Trauma and Violence," *Substance Abuse and Mental Health Services Administration SAMSHA*, accessed March 22, 2022, https://www.samhsa.gov/trauma-violence#:~:text=SAMHSA%20describes%20individual%20trauma%20as,physical%2C%20social%2C%20emotional%2C%20or.

trauma es un sufrimiento profundo que dura mucho tiempo y que tarda en sanar.

Se estima que el 70 por ciento de los adultos en los Estados Unidos han experimentado un evento traumático al menos una vez en sus vidas, donde un 20 por ciento de estas personas desarrollan trastorno de estrés postraumático o PTSD. Los Latinos no somos una excepción. De acuerdo con un estudio, más del 75 % de los migrantes de América Latina a los EE. UU. informan antecedentes de trauma relacionado con la guerra, el terrorismo, cambio cultural, discriminación, y violencia doméstica.[7] No hay duda de que cada inmigrante que viene a los Estados Unidos trae una historia única, que en la mayoría de los casos incluye experiencias traumáticas como consecuencia de estar expuestos a eventos cotidianos estresantes, los cuales generan trastornos psicológicos. Recientemente algunos estudios hablan del trauma de primera-generación, el cual describe la lucha emocional que muchos jóvenes Latinos de padres migrantes experimentan como consecuencia de la pobreza, limitación de oportunidades, y la exclusión social.

Los síntomas del trauma incluyen revivir el evento traumático (flashbacks), dificultad para dormir o pesadillas mientras duerme, evitar pensamientos o sentimientos relacionados con el evento traumático, asustarse fácilmente, arrebatos de ira, pensamientos negativos sobre sí mismo, sentimientos distorsionados como la culpa o reproche, y problemas para recordar las características clave del evento traumático.[8] Los niños menores de 6 años con PTSD reaccionan con enojo si sus padres no están cerca. También, pueden tener problemas para dormir o pueden comportarse como experiencia en actividades lúdicas. Mientras que los niños de 7 a 11 años con PTSD pueden mostrar sus experiencias con

---

[7] Jessica Cerdeña P et al., "Intergenerational trauma in Latinxs: A scoping review." *Social science & medicine, 1982,* no. 270 (2021): 113662. doi:10.1016/j.socscimed.2020.113662.

[8] National Institute of Mental Health, "Post-Traumatic Stress Disorder," NIMH, accessed December 24, 2023, https://www.nimh.nih.gov/health/topics/post-traumatic-stress-disorder-ptsd/index.shtml.

pesadillas, mayor irritabilidad o agresividad, y tiene dificultad para relacionarse y con las tareas escolares.

El trauma no es un tema nuevo. Shelly Rambo, teóloga experta en el campo del trauma, dice que el fenómeno del trauma y su estudio se ha expandido con mayor auge en las últimas décadas a diferentes niveles.[9] Según SAMHSA, el trauma puede integrarse en las normas culturales y transmitirse de generación en generación. Dado que las comunidades a menudo están profundamente moldeadas por sus historias traumáticas, dar sentido a la experiencia traumática y contar la historia de lo que sucedió utilizando el lenguaje y el marco de la comunidad es un paso importante hacia la curación del trauma individual y comunitario.[10] Desde un lente bíblico, muchas historias en el Antiguo Testamento que relatan el sufrimiento, asedio, esclavitud, y deportación de los israelitas relatan la experiencia del trauma colectivo vivido por los mismos. Igualmente, El Nuevo Testamento en los evangelios describen las experiencias traumáticas de los primeros cristianos como testigos oculares de la crucifixión de Jesús, las persecuciones, y la lucha por la sobrevivencia como una nueva comunidad de fe. Estas historias están contadas por sobrevivientes, y testigos del trauma. David Carr en su libro "La *Resiliencia Santa: Los Orígenes Traumáticos de la Biblia,*" argumenta que la Biblia está saturada de trauma y supervivencia. Y añade, que, si la Biblia fuera un ser humano, sería una persona que soportaría cicatrices, huesos rotos, desgarros musculares y otras heridas del sufrimiento prolongado por el trauma.[11] Durante las últimas décadas, la interpretación bíblica del trauma ha evolucionado en diálogo con diversas disciplinas antropológicas y marcos académicos con el fin de comprender mejor el impacto del trauma en la sociedad. Elizabeth Boase en su libro *"La Biblia a través del Lente de*

---

[9] Shelly Rambo, *Spirit and Trauma: A Theology of Remaining* (Louisville: Westminster John Knox Press, 2010) 3.

[10] Substance abuse and Mental Health Services administration, "SAMSHA's Concept of Trauma and Guidance for Trauma-Informed approach." *SAMSHA*, accessed June 22, 2022, https://ncsacw.acf.hhs.gov/userfiles/files/SAMHSA_Trauma.pdf.

[11] David M. Carr, *Holy Resiliency: The Bible's Traumatic Origins* (New Haven & London: Yale University Press, 2014), 250.

los Traumas," señala que, si bien el trauma puede referirse a una lesión física grave, es el trauma psicológico y social lo que ha llamado la atención de los intérpretes bíblicos que reconocen múltiples aspectos del trauma, incluidos no sólo los efectos inmediatos de eventos o situaciones en curso, sino también los mecanismos que facilitan la supervivencia, la recuperación y la resiliencia.[12]

Los eventos traumáticos no solo afectan a las personas. También tiene efectos en la cultural e historia. Alrededor del 20 por ciento de la población de Estados Unidos es latina y durante la pandemia, muchas personas, familias y amigos se sintieron abrumados por pérdidas traumáticas y duelos complicados, que dificultaron el luto de familiares fallecidos. Muchas veces, los eventos traumáticos no procesados adecuadamente, sean conscientes o inconscientes, alteran la dinámica de la familia, la congregación, y la comunidad. Como ejemplo pastoral, durante una capacitación orientada a fortalecer la respuesta de la congregación latina frente al trauma, se evidenció un fenómeno significativo. A medida que los participantes se exponían a historias personales, relatos bíblicos y fundamentos teóricos sobre el trauma y el duelo, muchos comenzaron a confrontar recuerdos personales profundamente arraigados. Estas evocaciones incluyeron experiencias traumáticas no resueltas —ya sea en la infancia o en la adultez— así como dinámicas emocionales previamente no procesadas. El proceso provocó reacciones emocionales intensas, revelando la presencia de heridas internas que, en muchos casos, permanecían inconscientes.[13] También, el entrenamiento destacó la importancia de tener cuidado con las personas que quieren formarse para ayudar a los demás, enfatizando que es primordial abordar los traumas personales con anticipación para poder apoyar de manera efectiva a las personas que han experimentado un trauma. Por lo tanto, capacitar y

---

[12] Elizabeth Boase and Christopher G. Frechette, "Defining Trauma as a Useful Lens for Biblical Interpretation," in *Bible Through the Lens of Trauma*, ed. Elizabeth Boase and Christopher G. Frechette (Atlanta SBL Press, 2016), 20.

[13] Santiago Reales, "Trauma and Grief: Developing a Framework for Equipping the Hispanic/Latino Churches as a Healing Community in the Cooperative Baptist Fellowship of North Carolina." *Doctor of Ministry Project*, Gardner-Webb University, 2023.

educar a las congregaciones y sus líderes en trauma es vital para acompañar, sanar y sostener a los dolientes.

El teólogo Dietrich Bonhoeffer dice que "la presencia física de otros cristianos es una fuente de gozo y fortaleza incomparables para el creyente."[14] No hay duda de que la iglesia puede contribuir a la sanidad del trauma. El plan de Dios para los creyentes en Cristo es crecer espiritualmente en conocimiento y gracia en Jesucristo (2 Pedro 3:18), buscando una transformación que cambie la forma de ser y pensar (Rom. 12:2) especialmente en momentos de crisis. De modo que entrenar solidariamente a las congregaciones para equiparse en al área del trauma, ayudará a traer una mejor conciencia de la importancia de procesar el trauma y educar a las comunidades de fe.

---

[14] Dietrich Bonhoeffer, *Life Together* (San Francisco: Harper & Row, Publisher, 1954),19.

CAPÍTULO 2

El Trauma y el Sufrimiento

> *"Cuando no podemos estar completamente aquí,*
> *vamos a lugares en los que nos sentíamos vivos,*
> *aunque esos lugares estén repletos de horror y de pena."*

Bessel van der Kolk, El Cuerpo Lleva la Cuenta

De acuerdo con el Centro Nacional del PTSD No es raro pasar por un trauma. Aproximadamente 6 de cada 10 hombres (o el 60 %) y 5 de cada 10 mujeres (o el 50 %) experimentan al menos un trauma en su vida. Las mujeres tienen más probabilidades de sufrir agresiones sexuales, y abuso sexual infantil. Los hombres son más propensos a sufrir accidentes, agresiones físicas, combates, desastres o presenciar muertes o heridas. El duelo y el trauma son dos experiencias dolorosas que causan sufrimiento y pueden llevar a una persona a cuestionar su fe y buscar las razones de su existencia.[15] Se estima que el 70 por ciento de los adultos en los Estados Unidos han experimentado un evento traumático al menos una vez en sus vidas y hasta el 20 por ciento de estas personas desarrollan trastorno de estrés postraumático o PTSD.[16] Los Hispanos/Latinos no somos una excepción, pues De acuerdo con un estudio más del 75 % de los migrantes de América Latina a los EE. UU. informan antecedentes de trauma y duelos no resueltos relacionado con la guerra, el terrorismo, cambio cultural, discriminación, violencia doméstica, etc. No hay duda de que cada inmigrante que viene a los Estados Unidos trae una historia única, que en la mayoría de los casos incluye traumas como consecuencia de estar

---

[15] U.S. Department of Veterans Affairs, "How Common is PTSD in Adults" in PTSD: National Center for PTSD.
https://www.ptsd.va.gov/understand/common/common_adults.asp

[16] https://www.sidran.org/wp-content/uploads/2018/11/Post-Traumatic-Stress-Disorder-Fact-Sheet-.pdf

expuestos a eventos estresantes cotidianos, los cuales generan trastornos psicológicos.[17]

Algunas preguntas que surgen frente al sufrimiento

Ante la experiencia del sufrimiento, especialmente en contextos de pérdida, es común que surjan preguntas profundas y desafiantes: ¿Por qué hay maldad y sufrimiento en el mundo si Dios es todopoderoso y bondadoso? ¿Puede Dios prevenir el mal? Y si no puede, ¿entonces realmente es todopoderoso? ¿O si puede y no lo hace, será verdaderamente amoroso? ¿Por qué continúa el sufrimiento? Estas preguntas no tienen respuestas sencillas. La tarea de explicar por qué un Dios bueno y amoroso permite el sufrimiento es una de las más complejas en la teología y en el acompañamiento pastoral.

El sufrimiento puede entenderse como *una experiencia de desestabilización que surge cuando una persona —en cuerpo, mente o espíritu— es sometida a una presión que supera su capacidad normal de adaptación.* Es una respuesta al desgaste provocado por situaciones que alteran el equilibrio interno del ser humano, ya sea por causas físicas, emocionales, sociales o espirituales. Este desgaste afecta al sistema nervioso y a la totalidad del ser, y puede manifestarse de diversas formas. Como toda experiencia humana, el sufrimiento puede ser consciente o inconsciente. Cuando emerge a nivel consciente, se expresa como dolor, tristeza, angustia o infelicidad. Son momentos en los que el individuo reconoce su malestar y puede ponerle nombre. Sin embargo, cuando el sufrimiento permanece en el plano inconsciente, suele expresarse de manera más difusa, a través del agotamiento, la fatiga persistente, la falta de motivación o un vacío interior inexplicable. Aunque no siempre se pueda articular en palabras, el cuerpo y el estado emocional dan señales de que algo no está bien. El sufrimiento, entonces, no es solo una respuesta

---

[17] Cerdeña JP, Rivera LM, Spak JM. Intergenerational Trauma in Latinxs: A scoping review. Soc Sci Med. 2021 Feb; 270:113662. doi: 10.1016/j.socscimed.2020.113662. Epub 2021 Jan 1. PMID: 33476987.

a una herida física o emocional evidente, sino también una señal de que la persona está bajo presión, que hay un conflicto no resuelto o una pérdida no elaborada. En este sentido, puede ser una invitación —dolorosa, pero profundamente humana— a detenernos, a escuchar, y a buscar sentido en medio de la oscuridad.

El propósito de esta sección es ofrecer algunas pistas que nos ayuden a procesar el sufrimiento y a brindar acompañamiento espiritual en contextos de trauma, a partir de una lectura pastoral del relato del Éxodo.

Egipto: Tierra de Dolor y Clamor (Éxodo 1-2)

La narrativa del sufrimiento del pueblo de Israel en Egipto, contada en los capítulos 1 y 2 del libro del Éxodo, constituye un testimonio poderoso del dolor colectivo y de la intervención liberadora de Dios. Estos capítulos no solo describen el contexto de opresión, sino que también introducen a Moisés como agente de transformación, enviado por Dios para liderar al pueblo hacia la libertad.

El capítulo 1 relata cómo los descendientes de Jacob llegaron a Egipto (vv. 1-5), la muerte de José y sus hermanos (v.6), y el crecimiento demográfico de los israelitas (v.7). Este crecimiento generó temor en el nuevo faraón, quien no conocía a José (v.8). El aumento numérico de los israelitas en Egipto fue tanto que se convirtió en una amenaza para la seguridad de la nación. En respuesta, el faraón impuso medidas opresivas para afrontar la situación (vv. 9-10):

Trabajos forzador y opresión:
> *11 Fue así como los egipcios pusieron capataces para que oprimieran a los israelitas. Les impusieron trabajos forzados, tales como los de edificar para el faraón las ciudades de almacenaje Pitón y Ramsés. 12 Pero **cuanto más los oprimían, más se multiplicaban** y se extendían, de modo que los egipcios llegaron a tenerles miedo.* (Éxodo 1: 11-12, NVI)

Servidumbre forzada y crueldad institucionalizada:

*... [13] por eso les imponían trabajos pesados y los trataban con crueldad. [14] **Les amargaban la vida** obligándolos a hacer mezcla, ladrillos y todas las labores del campo. En todos los trabajos de esclavos que los israelitas realizaban, los egipcios los trataban con crueldad.* (Éxodo 1:13-14, NVI)

Políticas antinatalistas forzada[18]:

El faraón, por su parte, dio esta orden a todo su pueblo:
—¡Tiren al río a todos los niños hebreos que nazcan! A las niñas, déjenlas con vida. (Éxodo1:22, NVI)

A pesar de este contexto de violencia, el relato nos muestra sobre las primeras intervenciones de esperanza y vida dentro de este proceso de liberación. Dos parteras hebreas, Sifrá y Fuvá, desobedecen al Faraón y frustran su orden genocida de destruir a los hijos varones de Israel (vv.15-22). Más adelante, tres mujeres-la madre de Moisés, su hermana y la propia hija del Faraón- actúan con valentía y permiten que Moisés sea salvado de la muerte y criado dentro de la corte egipcia (2:1-10).

La historia del Éxodo en sus inicios insinúa una aparente ausencia de Dios,[19] sin embargo las intervenciones de estas cinco mujeres compasivas lograron, a través de coraje e ingenio, desbaratar el malvado plan de un faraón opresivo. Estas dos acciones preceden a la acción liberadora de Dios a favor de los israelitas cautivos y además ayudaron a preservar la vida de Moisés como agente de Dios.[20] Esta historia, caracterizada por la esclavitud, el genocidio y la exposición a la muerte, es el contexto en el que Moisés encarna en su persona el sufrimiento y la liberación de su pueblo.

Los capítulos 1 y 2 también describen lo que hoy podemos definir como **trauma colectivo**: *un evento o una serie de eventos terribles que son difíciles de resistir y que impactan la identidad del y sentido de vida del individuo o de la comunidad de manera irreversible.* Shelly Rambo alude que "el trauma se distingue de otras experiencias de sufrimiento en que la capacidad de una

---

[18] Gustavo Gutiérrez, *Teología de la Liberación: Perspectivas* (Salamanca: Ediciones Sígueme, 2004), 198.

[19] Birch et al., *A Theological Introduction to the Old Testament*,108.

[20] Ibid., 109.

persona para responder e integrar la experiencia se ve gravemente afectada."[21]

El relato también introduce el sufrimiento interno y la vida adulta de Moisés en Egipto y, si bien ofrece poca información sobre cómo se relacionaba con la sociedad egipcia, expone la identificación de Moisés con sus hermanos hebreos y su predilección por la justicia.[22] El texto nos dice que un día, Moisés, al darse cuenta del maltrato que recibe cruelmente uno de los hebreos, entra en un espontáneo arrebato de ira y mata al egipcio como respuesta al profundo sufrimiento de los israelitas bajo el dominio de los mismos egipcios. El texto enfatiza la naturaleza secreta de sus acciones (v.12), que no era secreta para los hebreos. Porque, al día siguiente, Moisés, tratando de mediar entre dos israelitas que luchaban, fue interrogado por los mismos por haber violado la ley egipcia y haber matado al egipcio. Temeroso de las consecuencias, Moisés huye a Madián (vv. 11-15). Allí Moisés se casa con Séfora, hija del sacerdote de Madián, y tienen un hijo al que llama Gersón, diciendo: "Soy un extranjero en tierra extraña (vv. 21-22).[23] El acto violento de Moisés fue un comentario público que expresó el profundo dolor de Israel ante el sufrimiento organizado por los egipcios.

Seguidamente, el texto describe el grito desesperado de protesta y sufrimiento de los israelitas que gemían pidiendo ayuda ante la opresión y el sufrimiento (2: 23-25). El texto explícitamente dice que Dios los escuchó y se movilizó hacia una actividad liberadora.

> [23] *Mucho tiempo después murió el rey de Egipto. Los israelitas, sin embargo, seguían lamentando su condición de esclavos y clamaban pidiendo ayuda. Sus gritos desesperados llegaron a oídos de Dios,* [24] *quien al oír sus quejidos se acordó del pacto que había hecho con Abraham, Isaac y Jacob.* [25] *Fue así como Dios se fijó en los israelitas y los tomó en cuenta.* (Éxodo 2: 23-25, NVI)

---

[21] Rambo, *Spirit and Trauma*, 18.

[22] Birch et al., *A Theological Introduction to the Old Testament*, 127.

[23] Ibid., 127.

En estos versículos, el verbo hebreo זָעַק (zā'aq) "clamar" no sólo implica dolor sino también una queja. Curiosamente, este grito no estaba dirigido a Dios ni era una oración pública. Más bien, era un grito de dolor humano, que provocó la acción directa de Dios entrando en la historia como respuesta al grito de dolor de Israel.[24] Así, el grito de los israelitas se convierte en el dolor más profundo que rechaza la opresión y el sufrimiento como realidad última de sus vidas. Judith Herman llama a este tipo de expresión de sufrimiento trauma psicológico, el cual, ella define como *"eventos traumáticos que abruman los sistemas ordinarios de atención y dan a las personas una sensación de control, conexión y significado"*.[25] Herman considera que los acontecimientos traumáticos son extraordinarios porque abruman las adaptaciones normales a la vida.

El momento más sorprendente de esta narración es cuando se rompe el silencio en el que Israel grita desesperadamente (v. 24). Walter Brueggemann sugiere que el punto de partida del éxodo no comienza con ninguna declaración explícitamente teológica, sino con este hecho elemental de que el sufrimiento humano era intolerable y que los cuerpos que lloraban y gemían de los esclavos encontraron voz suficiente para comunicar que sus circunstancias de sufrimiento, trauma, y dolor no eran aceptables. Es así como, en una maniobra retórica bastante diferente, el narrador del texto informa que Dios escuchó su clamor.[26] Después de que Dios escuchó los gritos desesperados, el texto proporciona una declaración fundamental sobre Dios caracterizada por cuatro verbos cruciales: Dios escuchó שָׁמַע (šāma), Dios recordó זָכַר (zākar), Dios vio רָאָה (rā'â) y Dios los reconoció יָדַע (yāda). Así, Dios atendió sus quejas, y se acordó del pacto que había hecho con Abraham, Isaac y Jacob (v. 24). De esta forma, Dios se fijó en los israelitas y los tomó en cuenta (v.25). Es importante señalar que estos no fueron gemidos expresados directamente a Dios, sin embargo,

---

[24] Ibid., 109.

[25] Herman, *Trauma and Recovery*, 33.

[26] Walter Brueggemann, "The Book of Exodus," in *The New Interpreter's Bible*, Vol. I, ed. Leander E. Keck (Nashville: Abingdon Press, 1994), 706.

estimularon la memoria de Dios al ser escuchados.[27] Estos verbos dan un testimonio poderoso del plan poderoso y soberano de Dios.

Gustavo Gutiérrez destaca que el Dios misericordioso y compasivo del éxodo no alivia automáticamente el sufrimiento de su pueblo. Al contrario, "crea una pedagogía lenta, que conocerá la euforia y los reveses. Lo cual sería necesario para que el pueblo judío tome conciencia de las raíces de la opresión y del sufrimiento, luche contra ellas y perciba el significado profundo de la liberación a la que está llamado". Gutiérrez agrega que Dios está a favor de quienes sufren, pero es responsabilidad de quienes abogan por el bien del ser humano tomar la iniciativa de ser agentes curativos.[28]

Después de la liberación, la experiencia del éxodo no quedó como un hecho aislado. Posteriormente Dios exige una respuesta (Éxodo 15:1,21) donde la historia se presenta como una esperanza para contribuir a la identidad de fe de las generaciones futuras en Israel (Miqueas 6:4) (Oseas 11:1-2). En este aspecto, la Pascua recordará a cada generación de la comunidad de fe, que sus vidas se originaron en el don de la vida de Dios cuando no la tenían (Deuteronomio 15:15). La narrativa de la esclavitud en Egipto contada en el Éxodo tuvo una nueva resonancia para los exiliados de Judea quienes tuvieron que resistir el trabajo del rey Nabucodonosor. Así, la historia se convirtió en una narrativa que acompañó y dio esperanza a los exiliados más allá del trauma a la supervivencia.[29]

La historia del Éxodos genera dos puntos teológicos principales. Primero, "Dios está trabajando para brindar plenitud a aquellos que están quebrantados y deshumanizados en el orden sociopolítico, para brindar esperanza a aquellos que están quebrantados de cuerpo y no solo de espíritu".[30] En segundo lugar, podemos confiar en que Dios trabajará

---

[27] Brueggemann, "The Book of Exodus," 706.

[28] Gutiérrez, *Teología de la Liberación: Perspectivas*, 199.

[29] David M. Carr, *Holy Resiliency; The Bible's Traumatic Origins* (New Haven & London: Yale University Press, 2014), 111.

[30] Birch et al., *A Theological Introduction to the Old Testament.* 119.

silenciosamente para derrotar los sistemas de opresión y sufrimiento que socavan la experiencia plena del bienestar humano.

Estos dos puntos teológicos sugieren, primero, que Dios está al lado de quienes sufren, pero es responsabilidad de las comunidades de fe, el tomar la iniciativa y el interés de ser una comunidad sanadora. Y, en segundo lugar, el ser humano ante el silencio de Dios tiene la capacidad de responder con compasión al desafío del sufrimiento y buscar soluciones concretas. Tal fue el caso de las mujeres que protegieron a Moisés y a otros de la muerte por parte del faraón.

Así como Dios escuchó el clamor de los israelitas, recordó sus promesas, vio y conoció la necesidad de su pueblo, las comunidades de fe deben con atención escuchar y conocer las necesidades de los hermanos Hispanos/Latinos. Muchas de las historias que cada inmigrante Hispano/Latino trae a los Estados Unidos están ilustradas con narrativas de dolor, trauma y sufrimiento. Por lo tanto, las congregaciones son un recurso importante para responder con compasión al desafío del sufrimiento, para brindar curación a aquellos que, como los israelitas, han experimentado un trauma individual y/o colectivo.

El escritor de los proverbios nos invita a ser sensibles frente a esta realidad cuando dice:

> *"¡Levanta la voz por los que no tienen voz!*
> *¡Defiende los derechos de los desposeídos!*
> *9 ¡Levanta la voz y hazles justicia!*
> *¡Defiende a los pobres y necesitados!».*
> (Proverbios 31:8-9, NVI)

El Rostro del Sufrimiento en el Contexto Hispano/Latino(a)

El significado del sufrimiento varía según el origen cultural y religioso de cada individuo. El sufrimiento en relación con el cristianismo a menudo se asocia con la idea del martirio o del sufrimiento sacrificial, donde el sufrimiento tiene significado y propósito.[31] Esta asociación tiene una poderosa influencia en la población Hispana/Latina, la cual, en su mayoría, son cristianos, y mayormente católicos. Desde un contexto cultural, el sufrimiento puede ser visto como una forma de compartir la carga de Cristo. Se puede considerar que el sufrimiento tiene un propósito redentor, ayudando a purificar el alma y acercar a la persona a Dios. Algunos también pueden ver el sufrimiento como una prueba de fe. Es importante destacar que hay una gran diversidad de perspectivas y creencias dentro de la cultura Latina, donde las opiniones individuales pueden diferir. Como ejemplo, Esteban Montilla destaca que la valentía y el sacrificio durante el sufrimiento son bien vistos y apreciados en los círculos latinos especialmente entre las mujeres, a quienes comúnmente se les anima a sufrir con calma, siguiendo el ejemplo de la Virgen María, fenómeno conocido como "marianismo". Tradicionalmente María ha sido vista como una figura opresiva para las mujeres porque parece brindar un ejemplo de pureza, paciencia, obediencia, y sumisión para las mujeres.[32] Esta interpretación de sufrimiento lleva muchas veces a las mujeres a preferir sufrir antes que ver a uno de sus familiares pasar por una dolorosa experiencia de sufrimiento. Del mismo modo esta actitud de sufrimiento también se promueve entre los hombres como una muestra individualista de fuerza y no como una respuesta compasiva.[33]

Por otro lado, tanto el pensamiento de San Agustín como el de Ireneo han ejercido una influencia significativa en la cultura Hispana/Latina, especialmente a través de la transmisión histórica de sus ideas teológicas y filosóficas. Un ejemplo notable es el concepto del pecado original propuesto por San Agustín, el cual ha dejado una huella profunda en la teología y espiritualidad del mundo hispano/latino. Esta doctrina, que sostiene que la humanidad hereda una naturaleza pecaminosa a partir de la caída de Adán y Eva, ha modelado la forma

---

[31] R. Esteban Montilla and Ferney Medina, *Pastoral Care and Counseling with Latino/as* (Minneapolis: Fortress Press, 2006), 53.

[32] Nora O. Lozano, "Light from Hispanic/Lati@ Theologies," in *Sources of Light*, ed. Amy L. Chilton ed al. (Macon: Mercer University Press, 2020), 49.

[33] Montilla and Ferney, *Pastoral Care and Counseling with Latino/as,* 53.

en que muchas personas interpretan la redención, la gracia y la necesidad urgente de salvación. En esta visión, el mal es comprendido principalmente como una consecuencia directa del pecado original, y el cuerpo humano, al estar marcado por esta herencia, es visto frecuentemente como un canal por el cual se manifiesta el pecado. Esto, a su vez, ha influido en la manera en que se perciben las enfermedades, las cuales, en algunos contextos, llegan a interpretarse como castigos o consecuencias del pecado personal o colectivo.

En contraste, el pensamiento de Ireneo ofrece una perspectiva distinta sobre el mal y el sufrimiento. Para él, la existencia del mal no se reduce únicamente al castigo por el pecado, sino que forma parte de un proceso pedagógico dentro del crecimiento humano. Ireneo considera que los desafíos, las luchas y las adversidades son elementos que pueden contribuir al desarrollo espiritual, al fortalecimiento de la fe y a la madurez de la persona. Esta visión ha resonado en ciertos sectores del pensamiento Hispano/Latino, ya que ha proporcionado un marco para interpretar el sufrimiento y la adversidad como oportunidades para el crecimiento, la madurez, y el desarrollo espiritual.

Sin embargo, al contextualizar esta interpretación en la experiencia de los latinos e hispanos que viven en los Estados Unidos surgen tensiones importantes. En una comunidad que enfrenta múltiples formas de opresión —como la desigualdad económica, la inseguridad jurídica, el racismo, la discriminación estructural y la ambigüedad en cuanto a sus derechos—, sugerir que el sufrimiento tiene un propósito formativo puede convertirse, sin quererlo, en una forma más de opresión espiritual. Implica añadir una carga adicional a una fe que ya está resistiendo múltiples presiones. En este contexto, la afirmación de que "el mal educa" puede sonar insensible o incluso injusta. Por lo tanto, decir que el mal tiene un propósito educativo es agregar otro opresor más a la fe de los Hispanos/Latinos.

La diferencia entre estos los enfoques de Agustín e Ireneo es inmensamente grande y las implicaciones que ambos traen a la interpretación del sufrimiento y la enfermedad están desproporcionadas con la realidad contextual.[34] Por eso, el objetivo de quienes proveen cuidado pastoral no debe ser necesariamente responder con certezas a la pregunta del "¿por qué?" del sufrimiento. Más bien, su tarea fundamental es **acompañar**: crear espacios

---

[34] Ibid., 58.

seguros donde las personas puedan expresar su dolor, hacer preguntas, nombrar sus pérdidas y encontrar apoyo compasivo.

Para reflexionar:

De acuerdo con la Organización Mundial de la Salud[35]:

- En el mundo, uno de cada siete jóvenes de 10 a 19 años padece algún trastorno mental, un tipo de trastorno que supone el 13% de la carga mundial de morbilidad en ese grupo etario.
- La depresión, la ansiedad y los trastornos del comportamiento se encuentran entre las principales causas de enfermedad y discapacidad entre los adolescentes.
- El suicidio es la cuarta causa de muerte entre los jóvenes de 15 a 29 año

Ignorar los trastornos de salud mental en los adolescentes puede tener repercusiones que persisten hasta la adultez, afectando tanto su bienestar físico como mental y limitando su capacidad para disfrutar de una vida plena en el futuro. A medida que un número creciente de personas Hispanas/Latinas migra a los Estados Unidos y forma parte de una población cada vez más diversa, es esencial comprender y valorar las distintas experiencias, necesidades y la diversidad interna que caracterizan a estas comunidades.

Actividad de grupo:

Preguntas para la discusión personal o de grupo.

- ¿Qué tan compleja son las experiencias de sufrimiento en su comunidad?

---

[35] World Health Organization. ¨Salud Mental del Adolescente", in *Newsroom*, https://www.who.int/es/news-room/fact-sheets/detail/adolescent-mental-health

- ¿Qué tan difícil es acompañar compasivamente a aquellos que sufren como resultado de tales aflicciones?
- ¿Describa algunos desafíos que hacen difícil ayudar adecuadamente a su comunidad en tiempos de aflicción?
- ¿Qué dice su cultura acerca de quién es Dios en tiempos de sufrimiento?

"Dios sufre verdaderamente, pero no es el mismo tipo de sufrimiento que experimentamos los humanos. En nuestro caso, el sufrimiento que experimentamos es el resultado de nuestras deficiencias finitas. Somos alcanzados por el sufrimiento como por una fuerza extraña; desciende sin ser invitado y lo soportamos porque no nos queda más remedio. Por el contrario, el sufrimiento no le llega a Dios por necesidad o casualidad. El Dios crucificado decide libremente sufrir con nosotros, y lo hace activamente por plenitud de amor."[36]

Elizabeth Johnson

---

[36] Johnson Elizabeth, *La Búsqueda del Dios Vivo.* (Santander: Editorial SAL TERAE, 2007), 89.

CAPÍTULO 3

Entendiendo el Trauma

> *"El trauma no es lo que nos sucede,*
> *sino lo que vivimos después de lo que nos sucede."*
> Peter Levine

C iertamente, la pandemia del COVID-19 provocó una serie de comportamientos y reacciones que impactaron profundamente al paciente, a sus familiares y a quienes, voluntaria o involuntariamente, intentaron cuidar de los enfermos. Como capellán, en ocasiones me encuentro con situaciones en las que "me vuelvo más extraño de lo normal"; es decir, que me desconecto de la realidad. La pandemia alteró significativamente nuestra manera de percibir y enfrentar las crisis generadas por los traumas, haciendo que nuestras reacciones sean, muchas veces, extraños, inusuales o desproporcionadas.

Los traumas son experiencias estresantes que generan pérdidas. Los expertos plantean la existencia de una intersección entre el duelo a causa de una pérdida y el trauma, sugiriendo que siempre hay un elemento de pérdida en todos los traumas. En contraste, no todas las pérdidas son traumáticas. De manera similar, no todo el dolor emocional o los problemas de conducta son el resultado de un trauma. En el capítulo relacionado al duelo se explicará mejor esta intersección.

La pérdida es una emoción universal y se define como la ausencia de algo que una persona ya no tiene o que tiene menos. *La respuesta personal o colectiva ante una pérdida significativa se define como duelo*, que es el medio corporal, cognitivo, emocional y espiritual a través del cual afrontamos la pérdida de algo significativo o de alguien significativo.

Las pérdidas pueden ser traumáticas. La Administración de Servicios de Salud Mental y Abuso de Sustancias (SAMHSA) describe el trauma individual como el resultado de "**un evento, una serie de eventos o un conjunto de circunstancias que una persona experimenta como física o emocionalmente dañinas o potencialmente mortales y que tiene efectos adversos duraderos**" en el funcionamiento y el bienestar mental, físico, social, emocional o espiritual de una persona".[37] Los traumas pueden ser físicos, psicológicos o una combinación de ambos. "El trauma físico es una lesión o herida producida violentamente, y la condición física y psicológica resultante. Si bien el trauma psíquico es una experiencia emocionalmente impactante que tiene un efecto psíquico duradero, generalmente se clasifica como trastorno de estrés postraumático".[38] El trauma y la pérdida pueden llevarnos a enfrentar dificultades en el proceso de duelo y adaptación en la sociedad.

Algunos antecedentes[39]

- Alrededor del 70 % de las personas a nivel mundial experimentarán un evento potencialmente traumático durante su vida, pero solo una minoría (5,6%) desarrollará TEPT (Trastorno de Estrés Post-Traumático) (PTSD en inglés).
- Se estima que el 3,9 % de la población mundial ha experimentado trastorno de estrés postraumático en algún momento de sus vidas.
- La probabilidad de desarrollar TEPT varía dependiendo del tipo de evento traumático experimentado. Por ejemplo, las tasas de trastorno de estrés postraumático son más de tres veces (15,3%) más altas entre

---

[37] SAMSHA's Programs and Campaigns, "Trauma and Violence," *Substance Abuse and Mental Health Services Administration SAMSHA*, accessed March 22, 2022, from https://www.samhsa.gov/trauma-violence#:~:text=SAMHSA%20describes%20individual%20trauma%20as,physical%2C%20social%2C%20emotional%2C%20or.

[38] W. R. Monfalcone, "Trauma," in *The Dictionary of Pastoral Care and Counseling*, ed. Rodney J. Hunter (Nashville: Abingdon Press, 1990), 1287.

[39] World Health Organization. "Post Traumatic stress disorder," in Newsroom, accessed August 28, 2024; https://www.who.int/news-room/fact-sheets/detail/post-traumatic-stress-disorder#:~:text=Around%2070%25%20of%20people%20globally,in%20their%20lives%20(2).

las personas expuestas a conflictos violentos o guerras. Las tasas de TEPT son especialmente altas después de la violencia sexual.

- Hasta el 40 % de las personas con TEPT se recuperan dentro de un año.
- Hay muchos tratamientos efectivos para el TEPT, sin embargo, solo 1 de cada 4 personas con TEPT en países de ingresos bajos y medianos informa que buscan cualquier forma de tratamiento.
- Las barreras para la atención incluyen la falta de conciencia de que el TEPT se puede tratar, la falta de disponibilidad de servicios de salud mental, el estigma social y la falta de proveedores capacitados de atención de salud mental.
- Un estudio relacionado con las creencias culturales y religiosas sobre la salud mental de los Hispanos / Latinos en el entorno religioso "reveló actitudes predominantemente negativas hacia las personas con enfermedades mentales graves y, en la medida de lo posible, la ocultación de los síntomas de la enfermedad mental, incluida la depresión. El estudio sugiere que las comunidades religiosas Hispanas[40]/Latinas no perciben la necesidad de servicios de salud mental como un recurso para tratar la enfermedad porque la enfermedad está asociada con un problema espiritual.[41]

Los Latinos/Hispanos no son una excepción, pues de acuerdo con un estudio más del 75 % de los migrantes de América Latina a los EE. UU. informan antecedentes de trauma relacionado con la guerra, el terrorismo, cambio cultural, discriminación, violencia doméstica, etc.[42]

---

[40] Susan Caplan, "Intersección de creencias culturales y religiosas sobre la salud mental: latinos en el entorno basado en la fe", *Hispanic Health Care International* Vol. 17(1) (2019), 4-10.

[41] Caplan, "Intersection of Cultural and Religious Beliefs About Mental Health, 4-10.

[42] Cerdeña JP, Rivera LM, Spak JM. Intergenerational trauma in Latinxs: A scoping review. Soc Sci Med. 2021 Feb; 270:113662. doi: 10.1016/j.socscimed.2020.113662. Epub 2021 Jan 1. PMID: 33476987.

Reacciones inmediatas y tardías al trauma

El trauma, ya sea resultado de una experiencia única o de una serie de eventos prolongados, tiene un profundo impacto en la mente, el cuerpo y el espíritu. La respuesta de cada persona al trauma no es uniforme ni predecible; depende de su historia personal, su contexto cultural y los recursos de apoyo disponibles. Sin embargo, es posible identificar patrones comunes de reacciones emocionales, físicas, cognitivas, conductuales y existenciales que pueden manifestarse de manera inmediata o desarrollarse con el tiempo.

Es importante notar, que en el campo de los estudios psicológicos y traumáticos se reconoce ampliamente que las experiencias traumáticas generan una significativa perturbación en la capacidad humana de simbolizar, integrar y comunicar lo vivido. Desde una perspectiva clínica, se ha documentado que el trauma afecta tanto la función del lenguaje como los sistemas de memoria responsables de organizar la experiencia en narrativas coherentes. Durante un evento traumático, los procesos cognitivos pueden fragmentarse y perder continuidad, lo que dificulta posteriormente identificar que ciertos contenidos o sensaciones pertenecen al hecho original. En lugar de consolidarse en la memoria explícita, la experiencia suele quedar almacenada en forma de fragmentos sensoriales —imágenes, sensaciones corporales, reacciones fisiológicas o palabras inconexas— que se fijan predominantemente en la memoria implícita.

Estos fragmentos, al permanecer fuera del alcance del relato consciente, pueden activarse de manera inesperada ante estímulos que funcionen como disparadores, incluso cuando su vínculo con el evento traumático es sutil o lejano. Cuando se produce esta activación, se desencadenan respuestas neurobiológicas que recrean patrones emocionales y somáticos semejantes a los experimentados durante el trauma. Como resultado, la persona puede reaccionar automática e inconscientemente frente a personas, situaciones o acontecimientos presentes, reproduciendo modos de respuesta asociados al pasado, aun cuando el contexto actual no represente un peligro real.

Desde una mirada pastoral, es importante reconocer que estas reacciones no son signos de debilidad espiritual ni de falta de fe, sino manifestaciones legítimas de un sistema humano que intenta protegerse ante el recuerdo de una herida profunda. La tradición pastoral y espiritual ha entendido por siglos que el sufrimiento humano puede alojarse no solo en la mente, sino también en el cuerpo y en la memoria emocional. Por ello, acompañar a quien ha vivido un trauma implica cultivar un espacio seguro donde pueda emerger la experiencia fragmentada, con paciencia, compasión y un profundo respeto por los tiempos interiores de la persona. A continuación, presento algunas de las respuestas inmediatas y tardías que pueden observarse tras una experiencia traumática[43]:

---

[43] Substance Abuse and Mental Health Services Administration, Trauma-Informed Care in Behavioral Health Services, Treatment Improvement Protocol (TIP) Series 57, HHS Publication No. (SMA) 13-4801, Rockville, MD: SAMHSA, 2014, 62-63.

Tipo de Reacción	Inmediatas	Retardadas
Emocionales	1. Entumecimiento y desapego. Ansiedad o miedo intenso. 2. Culpa, Alegría, Ira, Tristeza, Impotencia. 3. Sensación de irrealidad, Desorientación. 4. Sensación de pérdida de control. Negación. 5. Constricción de los sentimientos. Sensación de agobio.	1. Irritabilidad y/u hostilidad. 2. Depresión. 3. Cambios de humor, 4. Ansiedad 5. Miedo a la recurrencia del trauma. Reacciones de duelo. 6. Vergüenza. 7. Sentimientos de fragilidad y/o vulnerabilidad, 8. Desapego emocional
Físicas	1. Náuseas, Sudoración o escalofríos. Desmayo. 2. Temblores musculares. 3. Latidos cardíacos elevados. 4. Fatiga extrema. 5. Mayores respuestas de sobresalto. 6. Despersonalización.	1. Alteraciones del sueño. Somatización. 2. Cambios en el apetito. 3. Reducción de la resistencia a resfriados. 4. Fatiga persistente. 5. Niveles elevados de cortisol Hiperactivación. 6. Efectos a largo plazo en la salud
Cognitivas	1. Dificultad para concentrarse. 2. Rumiación. 3. Distorsión del tiempo y el espacio. 4. Problemas de memoria. 5. Fuerte identificación con las víctimas.	1. Recuerdos intrusivos. 2. Reactivación de eventos traumáticos. 3. Autoculpa. 4. Preocupación por el evento. 5. Dificultad para tomar decisiones. 6. Creencia de que los sentimientos o recuerdos son peligrosos. Generalización de desencadenantes. 7. Pensamiento suicida.

Tipo de Reacción	Inmediatas	Retardadas
Conductuales	1. Reacción de sobresalto. 2. Inquietud. Estar en un estado de alerta constante o hipervigilancia. 3. Alteraciones del sueño y del apetito. 4. Dificultad para expresarse. Conducta argumentativa. 5. Aumento del consumo de alcohol, drogas y tabaco. 6. Retraimiento y apatía. 7. Conductas evitativas	1. Evitación de recordatorios de eventos. 2. Alteraciones de las relaciones sociales. 3. Disminución del nivel de actividad. 4. Participación en conductas de alto riesgo. 5. Aumento del consumo de alcohol y drogas. 6. Retraimiento
Existenciales	1. Intensidad uso de la oración. 2. Restauración de la fe en la bondad de los demás. 3. Pérdida de la autoeficacia. 4. Desesperanza sobre la humanidad. 5. Alteración inmediata de las presunciones de vida.	1. Cuestionamiento. 2. Aumento del cinismo. 3. Aumento de la confianza en uno mismo. 4. Pérdida del propósito. 5. Fe renovada. 6. Desesperanza. 7. Restablecimiento de prioridades. 8. Redefinición del significado de la vida. 9. Reelaboración de las presunciones de la vida.

Tipos de trauma

El trauma agudo es un evento traumático que ocurre una sola vez. El trauma agudo suele ser a corto plazo y es probable que haya una recuperación. Algunos ejemplos de trauma agudo son un accidente automovilístico, un asalto, un ataque terrorista, o un desastre natural como una inundación o un huracán.

El trauma crónico se refiere a la exposición prolongada a eventos estresantes y traumáticos, que pueden variar en sus circunstancias. Por ejemplo, un niño puede ser víctima de un ataque físico en la escuela, luego estar en un accidente automovilístico y luego sufrir un trauma médico relacionado con el accidente. El trauma crónico puede tener un efecto acumulativo. El trauma crónico también incluye experiencias continuas de abuso o violencia por periodos prolongados.

El trauma complejo es una herida profunda del alma y de la mente que surge cuando una persona vive situaciones traumáticas repetidas y prolongadas, especialmente desde temprana edad. Es común en quienes han sufrido abuso físico o sexual en la infancia, han sido víctimas de la guerra, del abandono o de la trata de personas.

Cuando estas experiencias dolorosas ocurren durante la niñez —una etapa donde se forma la base emocional de la vida—, el desarrollo integral del niño puede verse afectado. Una de las consecuencias más difíciles es la dificultad para establecer vínculos seguros con los demás. Y es que todos necesitamos relaciones estables, donde podamos sentirnos amados, protegidos y valorados. Cuando esto falta, el corazón humano se resiente, y también el cerebro se adapta de formas que afectan la manera en que enfrentamos la vida adulta. En muchos casos, el trauma complejo se origina en lo que se conoce como trauma relacional. Es decir, cuando el daño proviene de quienes debieron haber sido fuente de cuidado y amor: padres, madres o cuidadores primarios. Un bebé o un niño pequeño no solo necesita alimento y abrigo; necesita ternura, consuelo y conexión afectiva. Cuando estas necesidades fundamentales no son satisfechas —o cuando los vínculos se vuelven fuente de miedo, maltrato o abandono— se produce una ruptura interior que puede durar toda la vida.[44]

El trastorno de estrés postraumático (TEPT) es un problema de salud mental que surge después de experimentar o presenciar un evento traumático, como un peligro para la vida, un desastre, un accidente o la pérdida inesperada de un ser querido. Mientras que la respuesta de "lucha o huida" es normal tras un trauma, las personas con TEPT no logran superar el estrés y el miedo, permaneciendo afectados mucho tiempo después. Sus síntomas pueden aparecer de inmediato, más tarde, o fluctuar con el tiempo.[45]

El trauma generacional se transmite de una generación a otra, afectando profundamente la identidad y el bienestar de las personas. Es característico en comunidades que han vivido experiencias colectivas de esclavitud, colonización, racismo sistémico o persecución prolongada. Aunque las heridas originales pueden haber ocurrido en el pasado, sus efectos emocionales, sociales y espirituales persisten en la memoria familiar y cultural.

El trauma colectivo impacta a pueblos y regiones enteras, y suele ser causado por eventos como guerras, genocidios, desplazamientos forzados o desastres naturales. En estos casos, el dolor no es solo individual, sino compartido por una comunidad entera que intenta reconstruir su vida y su esperanza en medio del sufrimiento.

Por último, **el trauma vicario** ocurre cuando una persona experimenta, de forma indirecta, el peso del trauma vivido por otro. Esto

---

[44] Texas Department of Family and Protective Services (DFPS), "Entrenamiento de atención informada de trauma: Una capacitación de nivel de introducción proporcionada por DFPS, Versión impresa y actualizada 2019." *DFPS*, accessed August 2, 2024, https://www.dfps.texas.gov/training/trauma_informed_care/default.asp, 13.

[45] U.S. Department of Veterans Affairs, "Conceptos Básicos sobre el TEPT," *PTSD: National Center for PTSD*, accessed April 20, 2023, from https://www.ptsd.va.gov/spanish/understand/what/ptsd_basics_sp.asp

es común entre quienes cuidan, escuchan o acompañan a personas traumatizadas —como trabajadores sociales, profesionales de la salud, pastores o consejeros—, y puede manifestarse a través de síntomas emocionales y físicos similares a los del trauma directo.

Como líderes y acompañantes pastorales, es esencial comprender la variedad y la complejidad de los traumas que pueden afectar a las personas que servimos. Nuestra tarea no es tener todas las respuestas, sino ofrecer un espacio seguro donde el amor, la escucha y la presencia de Dios puedan abrir caminos hacia la sanación.

Tipos de trauma	Descripción	Ejemplos
Trauma Agudo	Evento traumático que ocurre una sola vez, a corto plazo	Accidente automovilístico, asalto, ataque terrorista, desastre natural
Trauma Crónico	Exposición prolongada a eventos estresantes y traumáticos	Abuso continuo, violencia prolongada, múltiples traumas
Trauma Complejo	Herida profunda del alma y mente por situaciones traumáticas repetidas	Abuso físico o sexual en la infancia, guerra, abandono, trata de personas
Trastorno De Estrés Postraumático (TEPT)	Problema de salud mental tras experimentar o presenciar un evento traumático	Peligro para la vida, desastre, accidente, pérdida inesperada de un ser querido
Trauma Generacional	Se transmite de una generación a otra, afectando la identidad y bienestar	Esclavitud, colonización, racismo sistémico, persecución prolongada
Trauma Colectivo	Impacta a pueblos y regiones enteras, causado por eventos masivos	Guerras, genocidios, desplazamientos forzados, desastres naturales
Trauma Vicario	Experiencia indirecta del trauma vivido por otro	Trabajadores sociales, profesionales de la salud, pastores, consejeros

Resumen de los tipos de trauma

Por otro lado, la **atención informada sobre el trauma** (TIC) es un recurso que se enfoca en prestación de servicios basado en las fortalezas que se basa en una comprensión y capacidad de respuesta al impacto del trauma, que enfatiza la seguridad física, psicológica y emocional tanto para los proveedores como para los sobrevivientes, y que crea oportunidades para que los sobrevivientes reconstruyan un sentido de control y empoderamiento.[46]

Cuando el dolor marca el camino: La experiencia traumática de José (Génesis 37: 12-36)

El propósito de esta historia es analizar el impacto de la vulnerabilidad de José al sufrimiento y el trauma experimentado cuando fue traficado por sus hermanos.

La historia de José y sus hermanos comenzó con un conflicto de rivalidad sobre el aparente hecho de que Jacob favoreciera a su hijo, José (Gn 37:2). La narración cuenta que José tuvo el privilegio de percibir realidades futuras en sueños, experiencias que comunicó abiertamente a su padre, Jacob, y a sus hermanos. La relación entre José y sus hermanos se deterioró cuando José compartió el sueño en el que toda su familia se inclinaría ante él gobernando sobre ellos (Gn 37: 6-11). Este hecho creó tensión familiar, celos y odio hacia José, lo que llevó a sus hermanos a planear matarlo. Al fracasar en el plan, José es vendido a un grupo de comerciantes ismaelitas, que lo traficaron a Egipto. Los hermanos de José, con la intención de ocultar su acción, le dijeron a Jacob que José había sido asesinado, y como evidencia, trajeron su túnica frotada con sangre. Jacob entró en un shock emocional, vestido de luto, y lloró profundamente la muerte de su hijo. Con el tiempo, José prosperó y entró en una estrecha relación de confianza con el Maestro Potifar. Sin embargo, esta relación con su amo se rompió cuando José es acusado falsamente de hacer avances sexuales a la esposa de su amo (Gn 39), lo que llevó a José a ser encarcelado. El destino de José cambió cuando el Faraón le encargó interpretar sus sueños. José predijo los siete años de abundancia y los siete años de hambruna llevó a Faraón a nombrarlo dentro de su liderazgo como virrey sobre Egipto para manejar la escasez (Génesis 40-41). Los hermanos de

---

[46] Substance Abuse and Mental Health Services Administration (SAMHSA). *Trauma-Informed Care in Behavioral Health Services. Treatment Improvement Protocol (TIP) Series 57.* HHS Publication No. (SMA) 13-4801 (Rockville, MD: Substance Abuse and Mental Health Services administration, 2014), xix.

José vinieron a Egipto a comprar comida. José los reconoció, pero ellos no lo hicieron. José se vengó de sus hermanos acusándolos de ser espías y los encarceló. Con el paso del tiempo, José decidió revelar su identidad y entre lágrimas habló con su familia y los perdonó (Gn 45). José se reconcilió con sus hermanos y su familia como un acto de compasión, y los ayudó a sobrevivir a la hambruna en Egipto. Finalmente, los descendientes de Jacob terminaron como esclavos en Egipto, hasta su posterior liberación en la era de Moisés. El teólogo Bruce Birch sugiere que la historia de esta familia es una de las que continúa el pacto de Dios y las promesas a Abraham e Isaac. Pero también, es una historia que sugiere un profundo sentido de la providencia y un flujo de emociones desde el aislamiento hasta la reconciliación en medio de un escenario social y político.[47]

La historia de José muestra las tensiones y dinámicas que pueden ocurrir alrededor de una familia. También integra algunos de los efectos del duelo y el trauma y ofrece algunos principios para ayudar a las personas a lidiar con su dolor.

El texto de Génesis 37: 12-36 transmite al menos tres eventos consecutivos que marcaron la vida de José: la tensión, el abuso y su esclavitud.

Primero, el texto describe la tensión entre José y sus hermanos mayores y su padre, Jacob debido a sus sueños, tensión que generó celos y resentimiento en sus hermanos:

> *Cuando se lo dijo a su padre, así como a sus hermanos, su padre lo reprendió y dijo: "¿Cuál es este sueño que tuviste? ¿Vendremos tu madre, yo y tus hermanos y nos inclinaremos al suelo ante ti?" 11 Sus hermanos estaban celosos de él, pero su padre tenía el asunto en mente.* (Génesis 37:10-11, NVI)

En segundo lugar, el texto nos dice que José es abusado emocionalmente por sus hermanos a la edad de 17 años cuando es agarrado y arrojado al pozo con la intención de ser asesinado.

---

[47] Bruce Birch et al., *A Theological Introduction to the Old Testament* (Nashville: Abingdon Press, 1999), 97.

Y lo tomaron y lo arrojaron a la cisterna. La cisterna estaba vacía; No había agua en él. 25 Cuando se sentaron a comer, levantaron la vista y vieron una caravana de ismaelitas que venía de Galaad... 26 Judá dijo a sus hermanos: "¿Qué ganaremos si matamos a nuestro hermano y cubrimos su sangre? 27 Vengan, vendámoslo a los ismaelitas y no le pongamos las manos encima; Después de todo, él es nuestro hermano, nuestra propia carne y sangre". Sus hermanos estuvieron de acuerdo. (Génesis 37:24-27, NVI)

Aunque el texto no sugiere violencia física, la experiencia de José encaja dentro de la definición de **trauma emocional**, que se define como una experiencia emocional impactante donde la persona traumatizada debe lidiar con una abrumadora impotencia o humillación.[48] Los estudios contemporáneos del trauma han extendido su aplicación a los efectos de la violencia en la mente y las emociones.[49] Shelly Rambo identifica que el trauma puede describirse como un encuentro físico con la muerte que incluye eventos que sacuden todo lo que el individuo sabe sobre el mundo.[50] José perdió su sentido de pertenencia a la familia cuando fue testigo de la intención asesina de sus hermanos que lo secuestraron violentamente.

Tercero, José es vendido por sus hermanos como esclavo:

Así que cuando llegaron los mercaderes madianitas, sus hermanos sacaron a José de la cisterna y lo vendieron por veinte siclos de plata a los ismaelitas, quienes lo llevaron a Egipto. (Génesis 37:28, NIV)

En el antiguo mundo del Génesis, la esclavitud significaba miseria para uno mismo y el poder supremo del dueño sobre el esclavo, ofreciendo

---

[48] W. R. Monfalcone, "Trauma," in *The Dictionary of Pastoral Care and Counseling,* ed. Rodney J. Hunter (Nashville: Abingdon Press, 1990), 1287.
[49] Serene Jones, *Trauma and Grace: Theology in a Rupture World*, 2nd Edition (Louisville: Westminster John Knox Press, 2019), 12.
[50] Shelly Rambo, *Espíritu y Trauma: Una Teología de Permanecer* (Louisville: Westminster John Knox Press, 2010), 4.

pocas opciones para la libertad.[51] Sin embargo, el caso de José fue diferente; el episodio del ciclo de José condena la victimización específica de un israelita injustamente esclavizado, y no de todos los esclavos por sus amos.[52] El hecho fue que José fue privado de su libertad y, en consecuencia, vivió un desapego forzado hacia su padre y su familia. Judith Herman, pionera en el área del trauma, sugiere que, en momentos de cautiverio, el apego de la víctima a los demás se destruye y que, además, el perpetrador se involucra en el estado mental de la víctima. Herman agrega que, durante una experiencia traumática, las pérdidas se descubren gradualmente.[53] En cautiverio, José perdió a su familia y su contexto sociocultural donde nació y se educó.

Curiosamente, la narración no describe a José mostrando comportamientos de depresión, ira o ansiedad debido al trauma experimentado. Sin embargo, algunos investigadores sugieren que la falta de estas emociones podría indicar la participación de defensas inconscientes que le permitieron desarrollar su resistencia y adaptarse con fama y renombre dentro de la cultura egipcia.[54] Años más tarde, con la aparición de sus hermanos en Egipto, la reacción emocional de José surge cuando sus hermanos vienen en busca de ayuda.[55] Herman agrega que este tipo de eventos traumáticos abruman los sistemas tradicionales de atención que brindan a las personas una sensación de control, conexión y significado. Estos eventos traumáticos son inusuales, no porque ocurran

---

[51] Marcel Pontón, *Dinámicas Familiares a través de la vida de José: La Túnica del Padre* (Barcelona: Editorial CLIE, 2016), 153.

[52] J. Albert Harrill, "Slavery" in *the New Interpreters Dictionary of the Bible*, ed. Katharine Doob Sakenfeld, accessed September 14, 2022, from https://www-ministrymatters-com.ezproxy.gardner-webb.edu/library/#/nidb/f58547f4c5428d06eb7df9a0d636ce25/slavery.html

[53] Judith Herman, *Trauma y recuperación: Las secuelas de la violencia doméstica Abuse al terror político* (Nueva York: Basic Books, 2015), 80-81.

[54] Samuel J. Mann, Joseph and His Brothers: A Biblical Paradigm for the Optimal Handling of Traumatic Stress, *Journal of Religion and Health*, 40, no. 3 (Fall, 2001): 337.

[55] Mann, *Joseph and His Brothers*, 337.

con poca frecuencia, sino porque están más allá de la capacidad humana para adaptarse a la vida.[56]

La sanidad del trauma de José y su proceso de duelo

El texto bajo estudio presenta la respuesta emocional de José al perder traumáticamente su libertad, su padre y ser tratado como esclavo. Los capítulos 41-45 brindan ciertas pistas sobre las reacciones emocionales de José al ver a sus hermanos aparecer en Egipto.

A primera vista, el texto exhibe a José expresando emociones fuertes al saber que su padre estaba vivo y que su hermano menor estaba con él. Sin embargo, esta noticia desencadenó un deseo de venganza al tildar a sus hermanos de espías y enviarlos a prisión por tres días:

Y los puso a todos bajo custodia por tres días. 18 Al tercer día, José les dijo: Haced esto y viviréis, porque yo temo a Dios. 19 Si sois hombres honrados, dejad que uno de vuestros hermanos se quede aquí en la cárcel, mientras los demás id a tomar grano. de regreso para sus hogares hambrientos. 20 Pero debes traerme a tu hermano menor, para que se cumplan tus palabras y no mueras. Esto procedieron a hacer. (Génesis 42: 17-20, *NVI*)

El castigo de prisión se parece al encierro que José experimentó en el pozo antes de ser vendido. La narrativa dice que, luego José exige que uno de sus hermanos permanezca en Egipto como garantía hasta que su hermano menor Benjamín sea llevado a Egipto para confirmar la verdad de los hechos narrados por sus hermanos. El hecho de que José y Benjamín fueran hijos de Raquel aumentó la complejidad de la relación familiar. Por lo tanto, esta demanda creó desesperación y dolor en sus hermanos y, al mismo tiempo, parece recrear los recuerdos del desapego forzado de José de su padre, y su familia.

---

[56] Herman, *Trauma and Recovery*, 33.

De manera similar, los hermanos de José reviven con vergüenza y culpa sus acciones que afectaron a José:

Se dijeron unos a otros: "Seguramente estamos siendo castigados por culpa de nuestro hermano. Vimos cuán angustiado estaba cuando nos suplicó por su vida, pero no le escuchamos; por eso nos ha sobrevenido esta angustia". 22 Rubén respondió: "¿No te dije que no pecases contra el niño? ¡Pero no escuchaste! Ahora debemos dar cuentas de su sangre". 23 No se dieron cuenta de que José podía entenderlos, ya que estaba usando un intérprete. 24 Él se apartó de ellos y se puso a llorar, pero luego regresó y les habló otra vez. Hizo que les quitaran a Simeón y lo ataran ante sus ojos. (Génesis 42: 21-23, *NVI*)

La teóloga Denise Dombkowski, identifica que José recrea una reconstrucción involuntaria de su pasado, donde los enfrentamientos con sus hermanos desencadenan tres escenarios emocionales de llanto.[57] El primero ocurre cuando José lloró al escuchar el arrepentimiento de sus hermanos. Como José se comunicaba a través de intérpretes (v. 23), ellos no lo reconocieron y no sabían que José los escuchaba y entendía. Luego, José salió llorando de la habitación al escuchar su traumática historia de boca de sus hermanos y luego regresó para ordenar el encarcelamiento de Simeón, recreando así la historia de su abandono (v. 24).

El segundo escenario ocurre en el capítulo 43, donde José huye llorando después de que le trajeron a Benjamín. Aquí, José tuvo que lavarse la cara antes de volver a entrar a la habitación para luego dar la orden de servir la comida. El narrador del Génesis escribe:

Profundamente conmovido al ver a su hermano, José salió corriendo y buscó un lugar para llorar. Entró en su habitación privada y allí lloró. 31 Después de lavarse la cara, salió y, controlándose, dijo: "Sirvan la comida. (Génesis 43: 30-31, *NVI*)

Dombkowski enfatiza que cada vez que José experimentaba llanto, liberaba recuerdos reprimidos. Y, al mismo tiempo, exhibe una reacción

---

[57] Denise Dombkowski Hopkins and Michael S. Koppel, *Grounded in the Living Word: The Old Testament and Pastoral Practices* (Grand Rapids: William B Eerdmans Publishing Company, 2010), 181.

emocional donde José se va y luego vuelve desempeñando su papel tiránico.[58]

El tercer escenario lo encontramos en el capítulo 45. Aquí, José entra en un momento de catarsis,[59] donde él mismo despide a todos los asistentes de la habitación para relatar su identidad. El escritor del Génesis señala:

> *Entonces José no pudo más contenerse delante de todos sus servidores, y gritó: "¡Que todos salgan de mi presencia!" Así que no había nadie con José cuando se dio a conocer a sus hermanos. 2 Y lloró tan fuerte que los egipcios lo oyeron, y la casa de Faraón se enteró. 3 José dijo a sus hermanos: "¡Yo soy José! ¿Mi padre sigue vivo? Pero sus hermanos no pudieron responderle, porque estaban aterrorizados ante su presencia.* (Génesis 45: 1-3, NVI)

Dombkowski identifica que José pierde el control del momento, y que esta vez su llanto es una erupción de dolor por su pérdida, encontrando pedazos de su yo perdido. Pero, por el otro lado, sus hermanos están tan aterrorizados que no pueden responderle. Como respuesta, José llena el silencio y se conecta con ellos (Génesis 45:4) relatando su dolorosa historia, y señala a Dios como El causante de quien los volvió a unir (Génesis 45:5). Aquí, José proporciona una narrativa terapéutica que mejora la relación con sus hermanos. El teólogo Fretheim sugiere que el tema recurrente del llanto de José (Gen 43:30; 45:1-2, 14-15; 50:1, 17) tiene el propósito de romper la tensión con signos progresivos de esperanza para una reconciliación plena.[60] "José llora tan profundamente que se pierde y se encuentra en la experiencia. Su llanto no es un llanto cualquiera. Ni siquiera se trata de lágrimas, sino de una transformación que altera el alma. Lo que rompe este ciclo es su reconocimiento de que repetir el ciclo no funciona, sólo perjudica a todos".[61] Fretheim postula que

---

[58] Dombkowski and Koppel, *Grounded in the Living Word,* 182.
[59] Mann, *Joseph, and His Brothers,* 338.

[60] Fretheim, *The Book of Genesis,* 644.
[61] Dombkowski and Koppel, *Grounded in the Living Word,* 185.

Dios obra, en y a través de, incluso lo peor que una familia pueda perpetrar. En todo, incluso en lo peor, Dios obra para bien.[62]

La narración bíblica del trauma de José y el duelo de Jacob son dos experiencias que ayudan a tomar conciencia de la importancia de nuestra propia historia de dolor y sufrimiento y su impacto en la vida diaria.

Esta historia proporciona los siguientes principios:

1. **El proceso de duelo incorpora reacciones emocionales que son únicas para cada individuo.** El proceso de duelo de Jacob fue único, y logró culminarlo hasta que la presencia física de José se hizo realidad.

2. **En el proceso para la curación del trauma, la reconstrucción de las narrativas que ocurrieron es un paso importante para avanzar en la curación.** El contexto del evento indica que para que José lamente lo que ha perdido; primero debe permitirse recordar el acontecimiento traumático. La práctica más común de recordar el trauma de forma ordenada se produce mediante la construcción de una narrativa del trauma. Así, José comienza a construir su narrativa traumática cuando habla de su pasado por primera vez. Encarcelado en Egipto, José ve la posibilidad de escapar y compartir un pedazo de su historia: "*Porque a la verdad fui robado de la tierra de los hebreos, y también aquí, no hice nada para que me metieran en la cisterna (Génesis 40:15)*".[63]

3. **Los acontecimientos traumáticos destruyen la antigua normalidad de vida y, a menudo, pueden crear un sufrimiento inexpresable a su paso.** Herman dice que a veces es más fácil reprimir o encender los propios sentimientos que hablar de ellos y

---

[62] Terence, *The Book of Genesis*, 646.

[63] Caralie Focht, "The Joseph Story: a Trauma-Informed Biblical Hermeneutic for Pastoral Care Providers," *Pastoral Psychology* 69, no. 3 (2020): 215, accessed July 4, 2022, from https://doi.org/10.1007/s11089-020-00901-w

deben procesarse aun cuando el objetivo principal es la supervivencia.[64]

La historia de José nos invita a reflexionar sobre la dinámica del dolor y el trauma que impactan a las familias en el marco de sus contextos culturales y religiosos. Estos contextos ofrecen claves para entender las dificultades que los miembros de la familia enfrentan en su interacción con la sociedad. Es importante referir a un individuo con síntomas de estrés postraumático a consulta con un profesional de la salud mental especializado en el tratamiento de este trastorno.

Para reflexionar:

1.   La muerte súbita

Una de las experiencias más difícil de procesar en el contexto del acompañamiento espiritual y emocional es la muerte súbita, ya que ocurre sin previo aviso y genera un impacto profundo en quienes la enfrentan. Aunque algunas muertes naturales -como las causadas por enfermedades coronarias- pueden clasificarse como súbitas, muchas veces esta categoría incluye muertes violentas, tales como accidentes, suicidios y homicidios, las cuales requieren una compresión más compleja y una intervención especializada y cuidadosa.

Diversos estudios de investigación confirman que las experiencias de muerte inesperadas son particularmente difíciles de procesar debido a su naturaleza abrupta y traumática. Un estudio publicado por el *American Journal of Psychiatry* reveló que la muerte súbita es la experiencia traumática más común y, a menudo, es calificada como la más devastadora

---

[64] Herman, *Trauma and Recovery*, 159-160.

por quienes las han vivido, incluso por encima de otras experiencias traumáticas. El mismo estudio evidenció una mayor incidencia de trastornos como episodios depresivos mayores, trastorno de pánico y trastorno de estrés postraumático en personas que han atravesado este tipo de pérdida, a lo largo de todas las etapas de la vida.

Se estima que la muerte súbita inesperada representa aproximadamente el 10% de todas las muertes clasificadas como "naturales". Además, el mismo estudio identificó que las mujeres presentan una menor incidencia de muerte súbita que los hombres, aunque no se encontraron diferencias significativas en cuanto a la edad o las comorbilidades entre ambos géneros. El período de duelo asociado a este tipo de pérdidas se vincula con un mayor riesgo de aparición de diversos trastornos psiquiátricos, de manera consistente a lo largo del curso de la vida y coincide con la experiencia de la muerte del ser querido.[65] Las nuevas asociaciones entre la muerte inesperada y el surgimiento de condiciones como la manía, entre otras, ha sido corroborado por múltiples estudios y reportes clínicos, lo que sugiere que este es un campo emergente de gran relevancia para la investigación y la práctica clínica y pastoral.[66]

2. El trauma entre refugiados y los solicitantes de asilo[67]

Los refugiados y solicitantes de asilo enfrentan un alto riesgo de problemas de salud mental debido a traumas en sus países de origen, el proceso migratorio y la reubicación. Obtener el estatus de refugiado es un

---

[65] Keyes, K. M., Pratt, C., Galea, S., McLaughlin, K. A., Koenen, K. C. y Shear, M. K. (2014). La carga de la pérdida: muerte inesperada de un ser querido y trastornos psiquiátricos a lo largo del curso de la vida en un estudio nacional. La revista americana de psiquiatría, 171(8), 864–871. https://doi.org/10.1176/appi.ajp.2014.13081132

[66] Lewis ME, Lin F, Nanavati P, et al Incidencia estimada y factores de riesgo de muerte súbita inesperada Open Heart 2016;3: e000321. Doi: 10.1136/openhrt-2015-000321

[67] Alianza Nacional Sobre Enfermedades Mentales NAMI, in "Inmigrantes hispanos/latinos y estadunidenses de primera generación, accessed Sept 24, 2024, https://www.nami.org/your-journey/identity-and-cultural-dimensions/hispanic-latinx/hispanic-latinx-immigrants-and-first-generation-americans/

proceso prolongado que puede durar años, aumentando el estrés. Los menores no acompañados son especialmente vulnerables, ya que enfrentan el impacto del trauma sin el apoyo de un adulto o cuidador.

3.   El trauma generacional[68]

Los hijos de inmigrantes nacidos en Estados Unidos suelen presentar mayores tasas de enfermedades mentales que sus padres, un fenómeno conocido como la "paradoja de los inmigrantes". Esto podría estar relacionado con el trauma generacional, ya que muchas familias emigran impulsadas por la violencia, la pobreza o la persecución, experiencias que afectan tanto a los inmigrantes como a sus descendientes de forma duradera.

Actividad de grupo 1:

Tema: Trauma en la Biblia.
Objetivo: Reconocer y comprender los distintos tipos de trauma con historias y personajes bíblicos desde una perspectiva bíblica-pastoral, y comunitaria.

Explore las siguientes historias bíblicas relacionada con los tipos de trauma descritos.

• Trauma generacional → la historia de José y sus hermanos (Génesis 37–50)
• Trauma colectivo → el exilio en Babilonia (Salmo 137; Jeremías)
• Trauma vicario → Nehemías al enterarse del estado de Jerusalén (Nehemías 1)

---

[68] Ibid, https://www.nami.org/your-journey/identity-and-cultural-dimensions/hispanic-latinx/hispanic-latinx-immigrants-and-first-generation-americans/

• Trauma por abuso o violencia → Tamar, hija de David (2 Samuel 13)

Actividad de grupo 2:

Tema: El rol de la empatía y el discernimiento en el acompañamiento espiritual.

Objetivo: Identificar los efectos visibles e invisibles del trauma en la vida de las personas y comunidades.

¿Qué tipo de heridas o consecuencias deja este trauma en la vida de las personas?

¿Qué señales podrían ayudarnos a reconocer que alguien lo ha vivido?

¿Qué actitudes pastorales pueden sanar o dañar en el acompañamiento? Escriban una breve oración o palabra de consuelo para personas que han vivido ese tipo de trauma.

¿Qué síntomas o respuestas físicas/emocionales están asociadas a este tipo de trauma?

¿Qué estrategias de cuidado o derivación profesional son apropiadas?

"Todos caminamos con heridas, algunas visibles, otras invisibles. Como cuerpo de Cristo, estamos llamados a acompañarnos en el camino de la sanación."

Anónimo

CAPÍTULO 4

El Duelo como Componente del Trauma: Claves para Comprenderlo

"El duelo es todo lo que pensamos y sentimos en nuestro interior después de una pérdida."
Alan D. Wolfelt[69]

E l trauma y el duelo son experiencias humanas profundas que, aunque están interrelacionadas, tienen matices importantes que las distinguen. Expertos postulan que existe una intersección entre el duelo y el trauma, sugiriendo que siempre hay un elemento de pérdida en todos los traumas.[70] En contraste, una pérdida se puede experimentar sin trauma (Ver figura 4.1). Así, no todos los sufrimientos emocionales o problemas de comportamiento son el resultado de una pérdida. El trauma surge cuando una experiencia desafía la capacidad de una persona para procesar y adaptarse, generando un impacto emocional y psicológico duradero. Por otro lado, el duelo es una respuesta natural ante cualquier pérdida significativa, que, aunque dolorosa, no siempre está asociada con la intensidad abrumadora del trauma. Comprender esta diferencia es esencial para ofrecer apoyo adecuado y promover la sanación, respetando las particularidades de cada experiencia.

---

[69] Alan D. Wolfelt, *The Anxiety of Grief: How to Understand, Soothe, and Express your Fears after a loss* (Fort Collins: Companion Press, 2023), 3-4.

[70] Renée Bradford and Elizabeth C. Pomeroy, *Trauma and Grief Assessment and Intervention: Building on Strength* (New York: Routledge, 2022), 34.

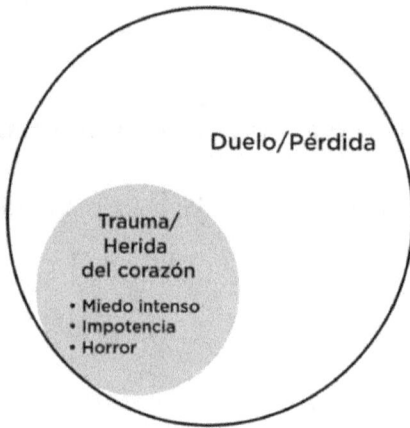

FIGURA 4.1 - Intersección entre el trauma y duelo[71]

Dos definiciones importantes:

- **Pérdida**: Es la carencia de algo que ha sido significativo y se pueden dividir en cuatro grupos: Relacionales, intrapersonales, materiales, y evolutivas.
- **Duelo**: Es la respuesta emocional personal o colectiva ocasionado por una pérdida significativa. Esa respuesta natural, afecta el medio físico, cognitivo, emocional y espiritual a través del cual enfrentamos la pérdida. El duelo se refiere a un proceso y no a un estado.

Jacob y José: una historia de dolor y trauma (Génesis 37-41)

El trauma puede aparecer desde la niñez hasta la mediana edad y su impacto y consecuencias pueden reconocerse en el comportamiento

---

[71] Dana Ergenbright et al., *Healing the Wound of Trauma: How the Church Can Help: Facilitator Guide for Healing Groups* (Philadelphia: American Bible Society and SIL International, 2021), 26.

que muestra el individuo afectado. Las investigaciones han demostrado que las experiencias de eventos traumáticos están asociadas con condiciones de salud crónicas como la salud mental y la salud física; y que abarcan mucho más que sólo cuestiones de comportamiento, que pueden presentar desafíos en las relaciones. El trauma no puede pasarse por alto y detectarlo evitará un impacto persistente y posterior en la salud física y emocional del individuo.[72]

El proceso de duelo de Jacob (Génesis 37: 31-35)

Génesis 37: 31-35 describe el dolor y el duelo de Jacob por la pérdida de su hijo José. La historia relata que después de que José fue vendido por sus hermanos:

> *En cuanto Jacob la reconoció, exclamó: «¡Sí, es la túnica de mi hijo! ¡Seguro que un animal salvaje lo devoró y lo hizo pedazos!».*
> *34 Y Jacob se rasgó las vestiduras, se vistió de luto y por mucho tiempo hizo duelo por su hijo. 35 Todos sus hijos y sus hijas intentaban calmarlo, pero él no se dejaba consolar, sino que decía: «No. Guardaré luto hasta que muera[b] y me reúna con mi hijo». Así Jacob siguió llorando la muerte de José.*
> *(Gen 37:33-35, NVI)*

La narración describe que Jacob al recibir la mala noticia, rasgó sus vestidos y se vistió de luto, y por mucho tiempo lloró a su hijo (v. 34). En el contexto hebreo, rasgarse la ropa representaba una expresión máxima de dolor y aflicción ante la pérdida. "El rasgado de la parte superior de la ropa y la exposición del pecho demostraban a los presentes el dolor del corazón".[73] Además, sus hijos e hijas intentaron calmarlo y consolarlo, pero él no se dejó consolar, prefiriendo llorar hasta su descenso a la tumba o reunirse con su hijo (Gn 37,35). El teólogo Stanley J. Grenz indica que los autores bíblicos comúnmente usaban la palabra hebrea שְׁאוֹל (Seol o tumba) para referirse al lugar de los muertos y que las referencias al Seol, sin

---

[72] SAMSHA's Programs and Campaigns. Trauma and Violence." *SAMSHA.* https://www.samhsa.gov/trauma-violence (accessed September 12, 2022).
[73] Pontón, *Dinámicas Familiares a través de la vida de José*, 123.

embargo, aumentan la ambigüedad que rodea a la muerte. Grenz sugiere que a veces el Seol tiene un tono bastante neutral, ya que connota "la tumba" como el lugar que espera a todas las personas y señala que, aunque en ocasiones el Seol fue descrito en términos neutrales, los escritores del Antiguo Testamento generalmente sugirieron que la experiencia es negativa. Significa separación de la presencia de Dios.[74] Así, Jacob continuó llorando la muerte de José y tal vez pensó que el duelo mutuo continuaría incluso después de la muerte. Aunque los hermanos intentaron reemplazar a José en el afecto hacia su padre, irónicamente, José conserva una posición prominente en el amor de su padre, incluso después de su muerte.[75]

Pauline Boss (1999) introdujo el término "**pérdida ambigua**" como categoría de pérdida para referirse a situaciones en las que el cierre de la muerte es incompleto. Boss sostiene que una *"pérdida ambigua es inherentemente traumática debido a la incapacidad de resolver las situaciones que causan dolor, confusión, shock, angustia y, a menudo, inmovilización. Sin un cierre, el trauma de este tipo único de pérdida se vuelve crónico".*[76] Boss propone que existen dos tipos de pérdida ambigua: la ausencia física con presencia psicológica y la presencia física con ausencia psicológica. Ambos tipos de pérdida pueden alterar y traumatizar los límites relacionales y los procesos sistémicos.[77] Boss sugiere que "la pérdida ambigua es la más estresante porque su incomprensibilidad amenaza la salud y la resiliencia".[78]

En resumen, el duelo de Jacob describe cuatro emociones al lidiar con la pérdida de su hijo José: *(1) Jacob rasgó sus vestidos; (2) Jacob se cubrió*

---

[74] Stanley J. Grenz, *Theology for the Community of God* (Michigan: William B. Eerdmans Publishing Company, 1994), 577.

[75] Terence E. Fretheim, "The Book of Genesis," in *The New Interpreter's Bible,* Vol. I, ed. Leander E. Keck (Nashville: Abingdon Press, 1994), 600.

[76] Pauline Boss, *Loss, Trauma, and Resiliency: Therapeutic Work with Ambiguous Loss* (New York: W.W. Norton and Company, 2006), 4.

[77] Boss, *Loss, Trauma, and Resiliency*, 7.

[78] Ibid., 22.

con cilicio, que era una túnica áspera que irritaba la piel con el fin de crearse aflicción y penitencia; (3) Jacob estuvo de luto durante muchos días; y (4) Jacob se negó a ser consolado y prefirió llorar profusamente. La palabra hebrea בָּכָה (bākâ)[79], no sólo expresa llanto, sino también el tono de voz del afligido. Es un gemido audible, arraigado en la cultura semítica (cf. Gén. 45:2 donde se escucha el clamor de José fuera de la casa).[80]

El proceso de duelo de Jacob describe varios pasos que están alineados con las teorías contemporáneas del duelo. Para ilustrar estos pasos, se mencionarán algunos pioneros en el estudio del duelo junto con sus modelos, así como las reacciones emocionales asociadas al mismo. En definitiva, el duelo y el trauma son experiencias humanas profundamente entrelazadas, cada una con sus propios matices y desafíos únicos. A través del análisis del proceso de duelo de Jacob, se evidencia cómo las reacciones emocionales pueden manifestarse de múltiples formas, desde la negación y el shock inicial hasta la aceptación y la reintegración gradual en la vida diaria. Reconocer y respetar estas diferencias nos permite abordar cada situación con la sensibilidad y el cuidado que merece, facilitando el camino hacia la recuperación y la resiliencia.

Las etapas del duelo y sus reacciones emocionales

El duelo es una respuesta emocional universal y profundamente humana ante la pérdida de un ser querido u otra experiencia significativa de separación. Aunque cada individuo atraviesa el proceso de duelo de manera única, existen etapas comunes que reflejan las reacciones emocionales y psicológicas que las personas pueden experimentar durante este periodo.

---

[79] Blue Letter Bible, "Bākâ," in *Blue Letter Bible*, accessed September 17, 2022, from https://www.blueletterbible.org/niv/gen/37/33-35/t_conc_37035

[80] Pontón, *Dinámicas Familiares a través de la vida de José*, 124.

Estas etapas, que van desde la negación inicial hasta la aceptación, no son lineales ni rígidas; más bien, representan un marco general para entender el complejo proceso de adaptación a la pérdida. A medida que las personas enfrentan las distintas etapas, pueden experimentar una amplia gama de emociones, como tristeza, ira, culpa y, eventualmente, una sensación de paz y resignación. Explorar estas etapas y sus respectivas reacciones emocionales permite comprender mejor cómo las personas procesan el duelo y cómo se puede brindar apoyo adecuado durante este viaje hacia la recuperación emocional.

Pioneros en el estudio del duelo junto con sus modelos:

Kübler-Ross (1969) propone cinco etapas por las que atraviesa un individuo cuando se enfrenta a una muerte inminente. También se han utilizado para identificar el dolor de las personas después de una pérdida: (1) Negación y aislamiento, que es un período de shock que actúa como amortiguador contra la abrumadora realidad de la situación y luego crea gradualmente defensas menos estrictas; (2) Ira en la que la persona puede expresar enojo hacia varios individuos; (3) Regateo, es una negociación, en la que se ruega a Dios o al médico para que la pérdida tome otro rumbo, mostrando conductas para evitar el duelo una vez ocurrido; (4) Depresión, donde el individuo descubre que su pronóstico no es bueno y se da cuenta del valor de las relaciones, la vida, los logros y el sentido de dignidad; y (5) Aceptación en la que la persona acepta la muerte como un resultado seguro.[81] (Figura 4.2)

---

[81] Michael R. Leming and George E. Dickinson, *Understanding Dying, Death, and Bereavement*, Fifth Edition (Belmont: Wadsworth Publishers, 2002), 168-170.

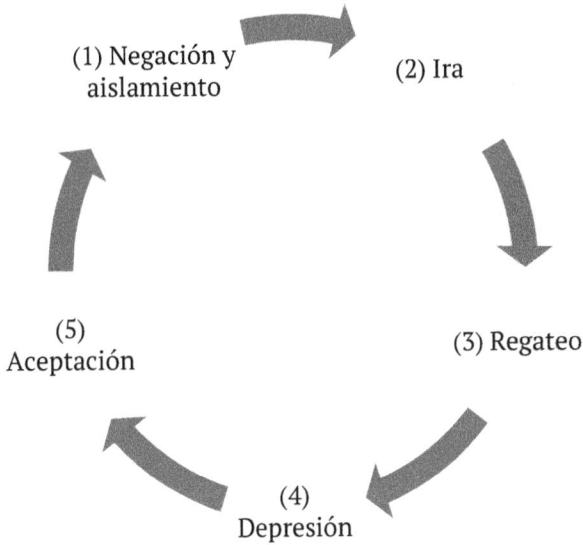

Figura 4.2 - Ciclo de las etapas del duelo de
Kübler-Ross[82]

William Worden (1982), un reconocido psicólogo y especialista en duelo, propuso un enfoque práctico y clínico sobre el proceso de duelo. A diferencia del modelo de las "etapas" de Elisabeth Kübler-Ross, Worden habla de "Tareas del duelo", que no se viven de manera lineal, sino que son procesos que la persona debe abordar para adaptarse a la pérdida. Worden enfatiza que las tareas de duelo inconclusas pueden afectar el crecimiento y el desarrollo del individuo. Propone cuatro tareas básicas que deben cumplirse para que se resuelva el duelo: (1) Aceptar la realidad de la pérdida; (2) Experimentar el dolor del duelo; (3) Adaptarse a un entorno en el que el fallecido está desaparecido; y (4) retirar la energía emocional y reinvertirla en otra relación. [83] (Figura 4.3)

---

[82] Kübler-Ross Grief Cycle. Proceso adaptado en español.
[83] Leming and Dickinson, *Understanding Dying, Death, and Bereavement*, 466-469.

(1) Aceptar la
realidad de la
pérdida

(2) Experimentar
el dolor del duelo

(3) Adaptarse

(4) Nuevas
relaciones

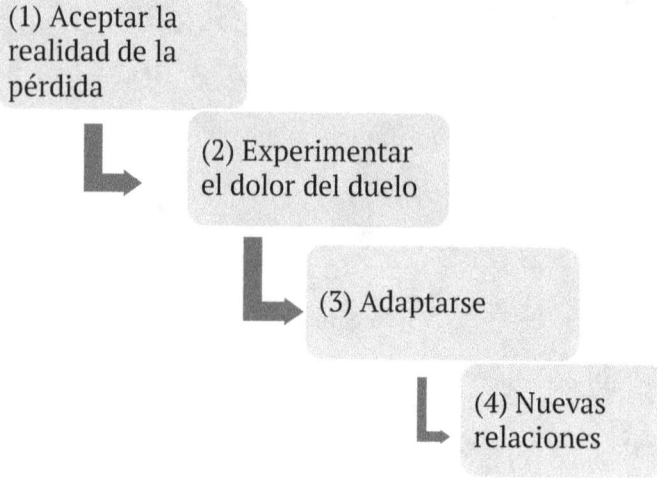

Figura 4.3 - Las etapas del duelo de William Worden

Therese A. Rando, experta en el estudio del duelo (1984), propone tres manifestaciones psicológicas del duelo: (1); Fase de evitación en la que hay shock, negación e incredulidad; (2) Fase de confrontación, un estado altamente emocional en el que el duelo es más intenso y las reacciones psicológicas a la pérdida se sienten de manera más aguda; y (3) Fase de restauración, en la que hay un declive gradual del duelo y el comienzo de una reintegración emocional y social al mundo cotidiano.[84]

Rando desarrolló un modelo llamado "Los Seis Procesos del Duelo" (*Six R Processes of Mourning*). Su enfoque es integrador y clínico, pensado especialmente para ayudar a comprender el proceso de adaptación a una pérdida significativa. Cada etapa comienza con la letra R en inglés y representa un proceso activo en el camino del duelo.[85] (Figura 4.4)

---

[84] Therese A. Rando, *Grief, Dying, and Death: Clinical Interventions for Caregivers* (Illinois: Research Press Company, 1984), 28-35.
[85] Therese A. Rando, *How to Go on Living When Someone You Love Dies*. (New York: Bantam Books, 1991), 338.

1. Reconocer la pérdida (Recognize the loss). Aceptar que la persona ha muerto o que la pérdida ha ocurrido. Implica superar la negación o el shock inicial. Algunas personas tardan más en asumir que la pérdida es real.

2. Reaccionar ante la separación (React to the separation). Experimentar y procesar las emociones que surgen tras la pérdida: tristeza, enojo, culpa, alivio, ansiedad, etc. También incluye reaccionar ante la ruptura del vínculo, la ausencia física, y a los cambios en uno mismo por la pérdida. Por lo tanto, es fundamental validar los sentimientos y no reprimirlos.

3. Revivir y re-experimentar la relación (Recollect and re-experience the relationship). Recordar la relación con el ser querido, tanto lo bueno como lo difícil. Implica revivir los momentos, rituales, hábitos y la historia compartida, lo que ayuda a comprender y a integrar el vínculo.

4. Renunciar a los vínculos antiguos (Relinquish the old attachments). Dejar ir lo que ya no puede ser. No significa olvidar, sino aceptar que la relación ha cambiado. Es renunciar a la presencia física para poder construir un nuevo tipo de vínculo simbólico o espiritual.

5. Reajustarse al mundo sin la persona fallecida (Readjust to the new world). Adaptarse a vivir sin la persona en el plano físico y funcional. Esto incluye: ajustes externos (roles, rutinas), ajustes internos (identidad, emociones), ajustes espirituales o filosóficos (sentido de la vida, fe, visión del mundo)

6. Reinvertir en la vida (Reinvest in the new world). Implica abrirse a nuevas experiencias, relaciones y propósitos sin sentirse culpable por hacerlo. Es el paso hacia la resiliencia, hacia un nuevo capítulo vital.

Rando sugiere que las pérdidas, muertes inesperadas y repentinas de un menor generan un proceso de duelo que lleva a ciertas conductas que pueden inhibirse en un proceso de duelo como: la incapacidad del padre sobreviviente para hacer el duelo, la incapacidad del padre sobreviviente para tolerar el duelo del niño negando sus sentimientos y expresión, la confusión sobre la muerte y su parte en ella, y la ambivalencia hacia el padre fallecido.[86]

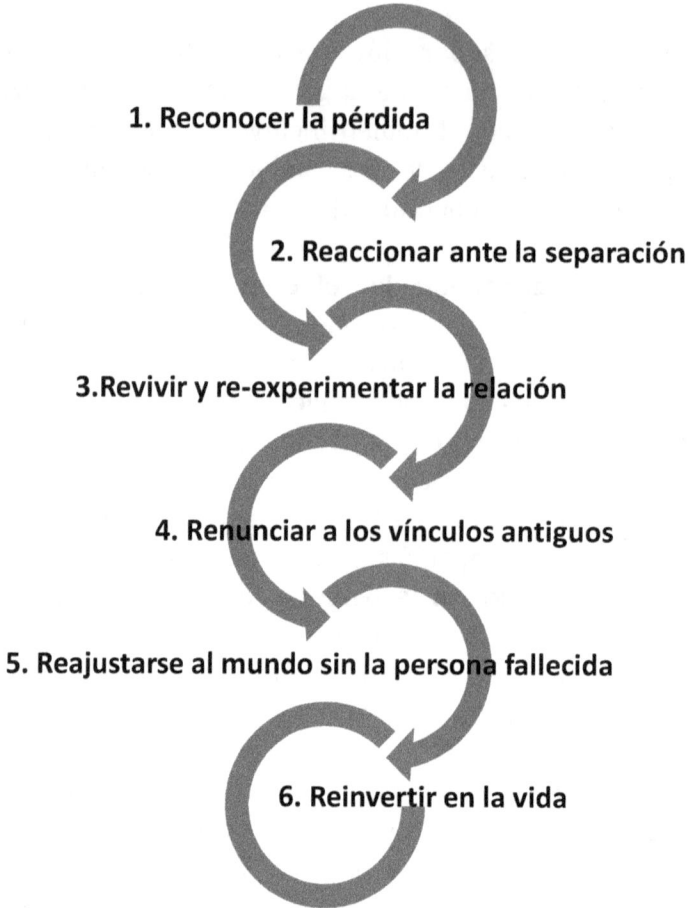

1. Reconocer la pérdida

2. Reaccionar ante la separación

3.Revivir y re-experimentar la relación

4. Renunciar a los vínculos antiguos

5. Reajustarse al mundo sin la persona fallecida

6. Reinvertir en la vida

Figura 4.4 - Modelo de las 6R de Therese A. Randon

Desde una perspectiva pastoral, Melissa Kelley (2010) sostiene que las teorías que proponen fases del duelo son explicativas en los estudios de la muerte, pero que no se debe asumir que la experiencia del duelo tiene

---

[86] Rando, *Grief, Dying, and Death*, 156-157.

una trayectoria única. Kelly señala que la propuesta de etapas o fases del duelo sugiere una universalidad invariable de la experiencia humana que descuida factores individuales, familiares, religiosos, sociales, culturales y contextuales. Además, las teorías del duelo suponen que las etapas capturan la experiencia normal o saludable, y cualquiera cuya experiencia no siga las etapas de manera precisa o completa corre el riesgo de ser etiquetado como no saludable, evitativo, anormal o patológico.[87]

Desde otro lente clínico, Robert A. Neimayer, en su libro "*Learning from Loss: A Guide to Coping with Grief*", sostiene que la investigación comparada sobre el desarrollo del duelo puede respaldar indirectamente los modelos de etapas, pero que la mayoría de las investigaciones sobre la pérdida no han logrado encontrar evidencia de la validez y confiabilidad de estos modelos. Neimayer señala que después de una pérdida, muchas personas no pasan por estas etapas o no las experimentan en una secuencia identificable. Por el contrario, la respuesta, la secuencia y la duración de las reacciones varían mucho de persona a persona.[88]

En conclusión, los argumentos de Rando, Kelly y Neimayer muestran que el proceso de duelo varía de un individuo a otro y que puede contener o no etapas consecutivas de afrontamiento del duelo.

Según el proceso de duelo experimentado por Jacob, se identificaron reacciones emocionales descritas en las teorías contemporáneas del duelo, tales como el shock emocional, la ira, el aislamiento, la confrontación con la pérdida y la adaptación a un nuevo entorno. Además, el duelo de Jacob fue ambiguo debido a la imposibilidad de cerrar su relación con José ante su aparente fallecimiento. Una de las situaciones más difíciles para un familiar es lamentar la muerte de alguien cuyo cuerpo no ha sido visto. La pérdida ambigua no permite alcanzar un

---

[87] Melissa M. Kelley, *Grief: Contemporary Theory and the Practice of Ministry* (Minneapolis: Fortress Press, 2010), 47.

[88] Robert A. Neimeyer, "Lessons of Loss: *A Guide to Coping with Grief*" (Barcelona: Ediciones Paídos Ibérica, 2002), 115.

cierre emocional o una comprensión clara ante la muerte de un ser querido. Este tipo de pérdida lleva al individuo a buscar respuestas, complicando y retrasando el proceso de duelo, lo que a menudo resulta en un duelo no resuelto.

En la antigüedad, los hebreos desarrollaron reflexiones sobre la muerte, percibiéndola como un fenómeno ambivalente. En este contexto, la muerte se consideraba tanto un desenlace natural de la vida como un adversario. Los hebreos valoraban profundamente la vida humana y comprendían la muerte como una consecuencia inevitable del envejecimiento. Adicionalmente, la visión de los hebreos sobre la condición de los fallecidos era igualmente ambigua. Algunos textos del Antiguo Testamento presentan interpretaciones positivas de la muerte, señalando que quien fallece simplemente "se reúne con sus antepasados" (Génesis 49:33).[89] Esta información sugiere que Jacob experimentó su duelo dentro de los parámetros del duelo ambiguo.

Tipos de duelo

He definido el duelo como la respuesta emocional personal o colectiva ocasionado por una pérdida significativa. Esa respuesta natural, afecta el medio físico, cognitivo, emocional y espiritual a través del cual enfrentamos la pérdida. Enfatizo que el duelo se refiere a un proceso y no a un estado. (ver figura 4.5)

1.   **Duelo anticipatorio**: es el duelo experimentado antes de la pérdida. La persona adopta la pérdida antes de que la muerte ocurra, la acepta, y utiliza recursos para enfrentarla en el futuro.

2.   **Duelo traumático**: Es resultado de una pérdida experimentada bajo circunstancias trágicas o violentas, como un accidente, suicidio o desastre natural. Puede estar asociado con síntomas de trastorno de estrés postraumático (TEPT).

---

[89] Grenz, *Theology for the Community of God*, 577.

3.   **Duelo ambiguo**: Es una categoría de duelo para referirse a situaciones en que la pérdida es incierta y el cierre de la muerte es incompleta. La pérdida ambigua incluye la ausencia física con presencia psicológica y presencia física con ausencia psicológica. Ejemplo una persona desaparecida.

4.   **Duelo complicado**: se define como el proceso de duelo que, junto con la angustia por separación, se ve obstaculizado por complicaciones internas o externas que interfieren con el proceso de crecimiento esperado para la sanidad. Se caracteriza por una intensidad emocional prolongada y dificultades para adaptarse a la pérdida.

Las respuestas de duelo complicado pueden clasificarse además como traumáticas o no traumáticas. Aquí la pérdida no se puede conciliar naturalmente. El duelo complicado traumático ocurre porque las circunstancias que rodean la pérdida abruman la capacidad del doliente para procesar el evento. El duelo se puede volver complicado:

- Cuando hay muchas muertes o pérdidas al mismo tiempo.
- Cuando la muerte o pérdida es repentina o violenta, por ejemplo, un suicidio o asesinato.
- Cuando no hay cadáver para ser enterrado o no hay manera de confirmar que la persona ha muerto.
- Cuando el familiar está lejos y no puede participar en el funeral.
- Cuando quien ha muerto era un padre proveedor o líder importante.
- Cuando los dolientes quedan con problemas sin resolver con la persona fallecida.
- Cuando es un niño el que ha muerto.

5.   **Duelo no reconocido** (Disenfranchised): Esta categoría de duelo ocurre cuando la sociedad no reconoce la pérdida como válida o significativa.

6.   **Duelo colectivo**: Ocurre cuando una comunidad experimenta una pérdida compartida, como en desastres naturales o tragedias nacionales.

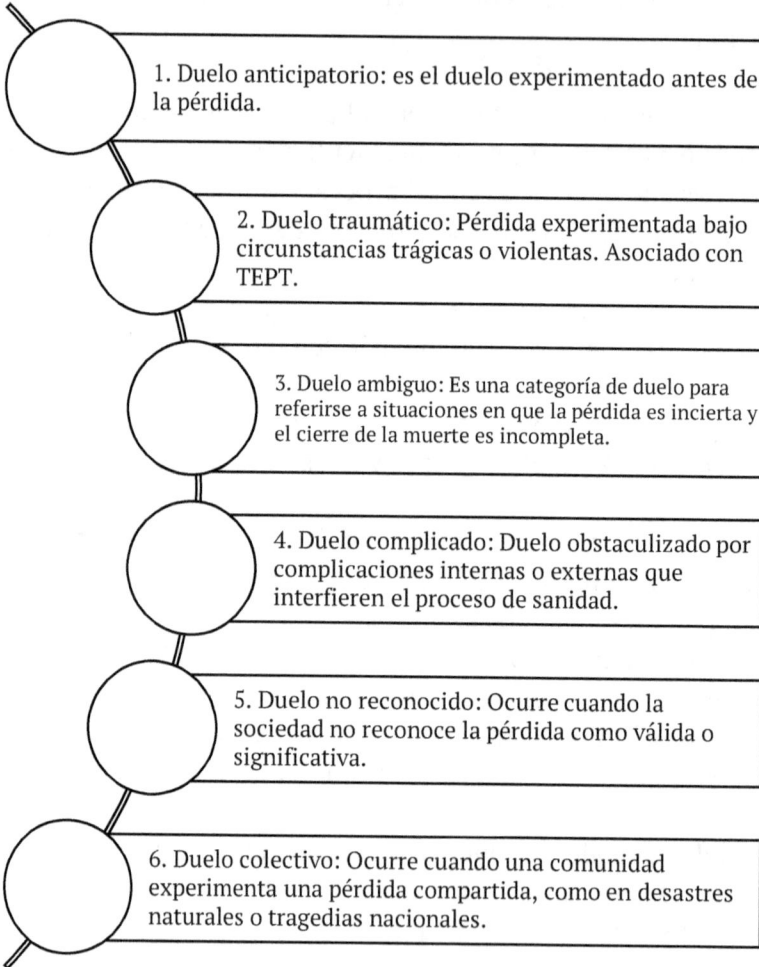

1. Duelo anticipatorio: es el duelo experimentado antes de la pérdida.

2. Duelo traumático: Pérdida experimentada bajo circunstancias trágicas o violentas. Asociado con TEPT.

3. Duelo ambiguo: Es una categoría de duelo para referirse a situaciones en que la pérdida es incierta y el cierre de la muerte es incompleta.

4. Duelo complicado: Duelo obstaculizado por complicaciones internas o externas que interfieren el proceso de sanidad.

5. Duelo no reconocido: Ocurre cuando la sociedad no reconoce la pérdida como válida o significativa.

6. Duelo colectivo: Ocurre cuando una comunidad experimenta una pérdida compartida, como en desastres naturales o tragedias nacionales.

Figura 4.5 - Tipos de duelo

Dimensiones de las reacciones emocionales

Desde el cansancio físico hasta la confusión mental, desde el cuestionamiento de la fe hasta el deseo de buscar culpables, el duelo puede desatar un amplio espectro de respuestas que reflejan la complejidad de lidiar con una pérdida significativa. Estas reacciones no solo revelan la profundidad del vínculo con lo perdido, sino también la manera en que las personas procesan y reconstruyen su vida frente a la ausencia.

El psicoterapeuta Iosu Cabodevilla en 2007 escribió un artículo titulado "Las pérdidas y sus duelos," [90] indicando que son muchos los factores que intervienen en el tipo de duelo, como circunstancias de la muerte, relación con el fallecido, personalidad y antecedentes del deudo y, el contexto sociofamiliar. Es decir que el duelo es un proceso profundamente humano que afecta no solo el plano emocional, sino también el físico, social, cognitivo, conductual y espiritual. Cada persona enfrenta la pérdida de manera única, pero existen patrones comunes de reacciones que ayudan a entender la experiencia del duelo y su impacto integral.

Cabodevilla, propone que El duelo se manifiesta a través de diversas dimensiones que afectan el cuerpo, las emociones, la mente, el comportamiento, las relaciones sociales y la espiritualidad. Estas dimensiones son interdependientes y reflejan la complejidad del proceso de adaptación a una pérdida significativa ilustrándolas en diferentes dimensiones[91]:

1. Dimensión física: el duelo puede provocar malestares corporales como tensión muscular, fatiga, insomnio, pérdida de apetito, palpitaciones y sensación de vacío en el estómago. Además, el estrés derivado de la

---

[90] Cabodevilla, I. (2007). Las pérdidas y sus duelos. *Anales del Sistema Sanitario de Navarra*, 30, no 3, (2007): 163-176. Accedido en 25 de enero de 2024, de http://scielo.isciii.es/scielo.php?script=sci_arttext&pid=S1137-66272007000600012&lng=es&tlng=es.

[91] Cabodevilla, I. (2007). Las pérdidas y sus duelos. http://scielo.isciii.es/scielo.php?script=sci_arttext&pid=S1137-66272007000600012&lng=es&tlng=es.

pérdida puede debilitar el sistema inmunológico, aumentando la vulnerabilidad a enfermedades.

2. Dimensión emocional: las emociones son variadas e intensas, incluyendo tristeza, rabia, culpa, miedo, soledad y desesperanza. Estas emociones pueden mitigarse mediante técnicas como la escritura de cartas de despedida, rituales de perdón o el consuelo recibido de seres queridos. Compartir la experiencia con otros en duelo también puede ser reconfortante.

3. Dimensión cognitiva: a nivel mental, el duelo puede generar dificultad para concentrarse, confusión, pensamientos repetitivos sobre el fallecido y sensación de embotamiento.

4. Dimensión conductual: el comportamiento de la persona en duelo puede cambiar drásticamente, mostrando aislamiento, hiperactividad, llanto frecuente, conductas de búsqueda o el aumento en el consumo de sustancias como tabaco o alcohol.

5. Dimensión social: el aislamiento social y el resentimiento hacia otros son comunes, ya que la pérdida puede alterar la interacción con el entorno.

6. Dimensión espiritual: el duelo puede llevar a cuestionamientos profundos sobre la vida, la muerte y las propias creencias religiosas o espirituales. Las personas pueden replantearse el sentido de la trascendencia y buscar respuestas en su fe o filosofía de vida.

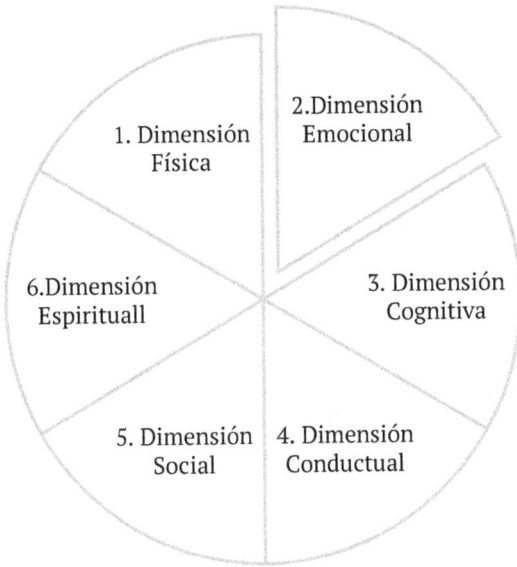

Figura 4.6 - Dimensiones de vivencias de la persona en duelo según Cabodevilla

Si no se cuida el cuerpo, todo lo demás falla. El cuerpo es el lugar de nuestras emociones y pensamientos, lo que gobierna nuestros actos. Por lo tanto, abordar estas dimensiones de forma integral permite una mayor comprensión y acompañamiento en el proceso de duelo, ayudando a la persona a encontrar equilibrio y sentido en medio de la pérdida. Comprender estas respuestas no solo facilita el acompañamiento adecuado a quienes están en duelo, sino que también fomenta la empatía y el entendimiento hacia las múltiples formas en que el dolor se manifiesta.

¿Por qué es importante abordar el duelo?

Todas las personas experimentan pérdidas en sus vidas. Por lo tanto, abordar el duelo es importante porque es una parte natural y necesaria del proceso de recuperación emocional tras una pérdida significativa. Reconocer y trabajar el duelo permite a las personas expresar sus emociones, procesar la pérdida y adaptarse a una nueva realidad. Si no se aborda adecuadamente, el duelo no resuelto puede dar lugar a problemas emocionales y de salud mental, como depresión, ansiedad y trastornos físicos. Además, enfrentarse al duelo fomenta el crecimiento emocional, la resiliencia y el bienestar a largo plazo. Resultados de procesar el duelo:

a.   Facilita la sanidad emocional: Esto permite que las personas expresen sus emociones, lo cual ayuda a liberar la carga emocional y a procesar los sentimientos asociados con la pérdida.

b.   Previene problemas de salud mental: Si el duelo no se procesa adecuadamente, puede convertirse en duelo complicado o derivar en trastornos mentales como la depresión o el trastorno de ansiedad.

c.   Mejora las relaciones interpersonales: Compartir el duelo con los demás permite construir una red de apoyo y evitar el aislamiento.

d.   Promueve la resiliencia: Afrontar el duelo de manera saludable ayuda a las personas a adaptarse a futuras dificultades y a fortalecerse emocionalmente.

e.   Permite estar consciente de nuestra propia pérdida. El autocuidado de usted mismo es necesario para asesorar a quienes están experimentando pérdidas.

Hay clérigos excepcionales que intuitivamente saben qué hacer. Sin embargo, muchos pastores o ministros tienden a tratar todas las muertes como iguales. Operan con su teología y/o con una teoría sobre la muerte que no va más allá de los conceptos familiares de dolor y duelo, y tienden a dirigir su ayuda a una expresión generalizada del dolor. Esto puede proporcionar una ayuda superficial para la mayoría de las personas, pero pasa por alto el proceso de un duelo saludable.

El duelo y sus efectos en la familia

Dado que las pérdidas más significativas suelen ocurrir dentro de una unidad familiar, resulta esencial analizar cómo una muerte impacta a todo el sistema familiar. Comprender la dinámica familiar es crucial durante el proceso de duelo. Es importante conocer el rol cada persona fallecida dentro de la familia y el nivel general de adaptación de sus integrantes para apoyar de manera efectiva antes, durante o después de una pérdida. La experiencia de la muerte varía considerablemente según las circunstancias; por ejemplo, la pérdida de un paciente con Alzheimer puede generar diferentes tipos de duelo dependiendo de la etapa de la enfermedad debido a la naturaleza progresiva y devastadora de este trastorno. En mi experiencia con este tipo de pacientes, en las etapas iniciales, cuando el diagnóstico es reciente, los familiares a menudo enfrentan un duelo anticipado. Este tipo de duelo se relaciona con la pérdida gradual de la personalidad, habilidades y recuerdos del ser querido, incluso antes de su fallecimiento. Durante esta fase, los cuidadores suelen experimentar una mezcla de tristeza, frustración y ansiedad por el futuro.

En las etapas intermedias de la enfermedad, el duelo puede intensificarse a medida que los síntomas empeoran. Los familiares pueden sentir una sensación de pérdida continua al ver cómo la persona afectada pierde autonomía, ya no reconoce a sus seres queridos o ya no participa activamente en las dinámicas familiares. Este tipo de duelo es acumulativo y puede provocar agotamiento emocional y físico, especialmente en los cuidadores principales.

En la etapa final, cuando la enfermedad ha avanzado significativamente y el fallecimiento se percibe como inminente, el duelo puede adquirir características más complejas. Los familiares a menudo experimentan una mezcla de emociones: alivio ante el fin del sufrimiento del paciente, tristeza profunda por la pérdida definitiva y, en algunos casos, culpa por desear que el proceso termine.

Esta evolución del duelo, que abarca desde lo anticipado hasta el duelo final después de la muerte, puede ser particularmente desafiante. Además, el impacto emocional está influido por factores como el nivel de cercanía con el paciente, el apoyo social disponible y las creencias personales sobre la vida y la muerte. Por esta razón, es crucial ofrecer a las familias apoyo emocional y práctico durante todo el proceso de la enfermedad, reconociendo y validando sus sentimientos en cada etapa.

El reconocido psiquiatra estadounidense Murray Bowen (1913-1990), pionero en la teoría de los sistemas familiares, transformó el enfoque de la psicoterapia familiar al introducir una perspectiva sistémica. Según Bowen, las familias operan como sistemas emocionales interdependientes, donde los vínculos y dinámicas familiares ejercen una influencia significativa en la salud mental y el comportamiento individual. Su teoría subraya cómo los patrones relacionales dentro del sistema familiar pueden moldear la personalidad y contribuir a desafíos emocionales como el estrés y la ansiedad. [92]

Según Bowen, la mayoría de las familias mantienen un equilibrio homeostático que les permite funcionar de manera estable. Sin embargo, la pérdida de una persona significativa dentro de la familia puede alterar ese equilibrio, lo que exige un ajuste emocional y relacional. Para intervenir de manera efectiva en el proceso de duelo, resulta fundamental comprender la composición familiar, el rol que ocupaba el fallecido y el modo en que la familia maneja la pérdida. Bowen identifica varios factores clave que afectan este proceso de ajuste:

1. **El funcionamiento emocional del fallecido en la familia:** El impacto de la pérdida está directamente relacionado con la posición funcional o el rol que desempeñaba la persona en el sistema familiar. Si el fallecido ocupaba un rol crucial, su ausencia puede generar un desbalance significativo. Por ejemplo, la muerte de un padre en una familia con hijos pequeños puede tener repercusiones profundas en la estabilidad y dinámica del grupo.

2. **Los roles desempeñados por el difunto:** Cuando el fallecido asumía múltiples responsabilidades o roles esenciales en la familia, su pérdida puede generar ansiedad en el sistema, ya que es necesario encontrar a alguien más que ocupe esas funciones. Incluso la

---

[92] Bowen, Murray. *La Terapia Familiar en la Práctica Clínica*. Washington: Georgetown Family Center y Lulu Publishing Services, 2016. 1978) 321-335.

pérdida de un niño puede desestabilizar la estructura familiar, pues los hijos también juegan un papel importante en la dinámica del hogar.

3.   **Niveles de diferenciación dentro del sistema familiar:** Este concepto se refiere al grado de autonomía emocional y capacidad de los miembros para manejar sus emociones. También incluye los patrones de comunicación que permiten (o restringen) la expresión emocional. Las familias que valoran y facilitan la expresión de sentimientos suelen experimentar un proceso de duelo más adaptativo.

4.   **Aspectos socioculturales:** En muchas culturas, incluida la latina, la muerte de un miembro clave de la familia, como un patriarca o matriarca que desempeñaba un papel central en la toma de decisiones, puede generar un impacto significativo. Además, los rituales funerarios y las dinámicas culturales asociadas a la pérdida pueden influir en la forma en que las familias enfrentan el duelo.

5.   **Patrones espirituales y valores:** Los valores, creencias espirituales y rituales desempeñan un papel importante en el proceso de duelo. Las prácticas religiosas o espirituales pueden ofrecer consuelo, significado y una estructura que contribuye a la adaptación tras una pérdida.

La teoría de los sistemas familiares de Bowen proporciona una herramienta valiosa para comprender los procesos emocionales y relacionales en el contexto de las familias que enfrentan pérdidas significativas. Esta teoría permite explorar cómo los niveles de diferenciación, los patrones de interacción y las dinámicas familiares contribuyen al afrontamiento del duelo. Al aplicar este enfoque, es posible identificar patrones generacionales y sistémicos que afectan tanto a la familia como al individuo, facilitando intervenciones más efectivas en el proceso de sanidad.

En la teoría sistémica de Bowen, no basta con abordar el dolor del individuo de manera aislada en relación con la pérdida de un ser querido. Es esencial entender y trabajar su duelo en el contexto de todo el sistema familiar. Cada miembro de la familia aporta una perspectiva única al sistema, influenciada por cómo piensa, percibe y siente, haciendo que la dinámica familiar sea una suma compleja de las características individuales de sus integrantes.

El duelo no resuelto puede convertirse en un factor determinante en la aparición de patrones disfuncionales dentro de la familia, perpetuando dinámicas patológicas a lo largo de generaciones. Según Bowen, el impacto del conflicto intergeneracional es particularmente relevante en estos casos, y destaca la importancia de explorar la historia familiar, abarcando al menos dos generaciones, como parte del proceso de duelo. En este sentido, la utilización del genograma se convierte en una herramienta clave para comprender mejor el sistema familiar. Este recurso visual permite identificar patrones emocionales y relacionales, ofreciendo información valiosa para diseñar intervenciones terapéuticas adecuadas que favorezcan tanto la adaptación al duelo como la sanación integral del sistema familiar.

Estrategias de ayuda para procesar el duelo

Las intervenciones no clínicas pueden desempeñar un papel fundamental en la recuperación del trauma y el duelo, especialmente en entornos comunitarios, espirituales y familiares. Estas estrategias complementan las intervenciones clínicas y pueden proporcionar apoyo emocional, restauración del significado y fortalecimiento de la resiliencia.
Antes de responder a la pregunta *¿Qué puede hacer para acompañar a quienes atraviesan un proceso de duelo?*, es importante considerar el impacto de la inmigración en el duelo y el proceso de pérdida, ya que este contexto influye significativamente en la forma en que las personas procesan su dolor. Según una investigación, Las experiencias de inmigración afecta la manera en que los individuos viven, expresan y

procesan el duelo. Entre las principales consideraciones para la comunidad latina se incluyen[93]:

1.   Las personas latinas con estatus de inmigrante pueden tener problemas para llorar debido a la falta de una red de apoyo para reconocer y validar socialmente sus pérdidas.

2.   Los grupos latinos requieren opciones de apoyo culturalmente congruentes consistentes con sus creencias y valores. Específicamente, la fuerte influencia y el valor atribuidos al catolicismo, y al cristianismo en general, que también tiene una fuerte presencia indígena (es decir, como se ve en las representaciones de Nuestra Señora de Guadalupe y la Virgen María), en la cultura latina/a debería reflejarse en los servicios que reciben.

3.   La incorporación y consideración de las influencias religiosas y espirituales son fundamentales, particularmente entre los grupos latinos en los que las tradiciones católicas generalmente dominan el proceso de duelo.

4.   Estar separado de la familia puede conducir a una angustia psicológica significativa, incluidos sentimientos de preocupación, soledad, pérdida y desconexión, así como sentimientos de ira, arrepentimiento y resentimiento hacia su país de origen por las circunstancias que obligan a los migrantes a irse.

5.   Durante la inmigración, las personas pueden estar expuestas a múltiples factores estresantes, traumas y pérdidas, incluida la pérdida del apoyo y la conexión familiar, la pérdida del idioma y la cultura, una recepción no deseada por parte de la cultura anfitriona y dificultades económicas persistentes.

---

[93] Falzarano, Francesca et al. "Grief and Bereavement in the Latino/a community: A Literature Synthesis and Directions for Future Research." *Health equity* Vol. 6,1 696-707. 14 Sep. 2022, doi:10.1089/heq.2022.0031

6.   El miedo relacionado con la discriminación o la detención, incluso para los residentes legales, puede exacerbar el aislamiento social y el estrés aculturativo, todos los cuales pueden conducir a malos resultados de salud física y mental.

7.   Los inmigrantes también experimentan un dolor anticipatorio con respecto a hacer frente a las pérdidas migratorias. Sin embargo, la resiliencia para hacer frente a las pérdidas relacionadas con la migración puede ser protectora para ayudar a los inmigrantes a hacer frente a las muertes que ocurren en su país de origen porque antes de una muerte, muchos inmigrantes anticipan que nunca podrán volver a ver a su ser querido. Esto puede ser especialmente relevante para las personas indocumentadas que no tienen otra opción que regresar a su país de origen y a menudo reportan sentimientos de desesperanza, impotencia, decepción y culpa.

Intervenciones para ayudar a elaborar el duelo

El duelo es un proceso natural que sigue a la pérdida de un ser querido y puede manifestarse en múltiples dimensiones: emocional, física, social y espiritual. Si bien existen intervenciones clínicas como la terapia individual o de grupo, también hay estrategias no clínicas que pueden ser fundamentales para acompañar a quienes atraviesan un duelo. Las siguientes intervenciones buscan ofrecer un marco de apoyo basado en la empatía, la comunidad y la resiliencia, ayudando a las personas a procesar su pérdida de manera saludable y significativa.

Acompañar durante el duelo significa ayudar a:

1. Aceptar la realidad de la pérdida

La negación es una reacción común en las primeras etapas del duelo. Para ayudar a una persona a aceptar la realidad de la muerte, se pueden utilizar estrategias como:

- Preguntar con sensibilidad cómo se enteró de la muerte y qué rituales realizó (funeral, velorio, despedida).
- Fomentar visitas a la tumba o la creación de un altar conmemorativo en casa.
- Organizar una ceremonia conmemorativa si no se pudo realizar un funeral tradicional.

2. Facilitar la expresión de sentimientos

- Alentar a la persona a hablar sobre sus recuerdos, sentimientos y emociones.
- Escribir cartas al fallecido o llevar un diario de duelo.
- Utilizar expresiones artísticas como la pintura, la música o la poesía para canalizar el dolor.

3. Brindar una escucha activa

A menudo, la mejor ayuda es estar presente y escuchar sin juzgar ni apresurar el proceso. Algunas claves incluyen:

- No interrumpir ni minimizar el dolor con frases como "tienes que ser fuerte" o "todo pasa por algo".
- Usar preguntas abiertas: "¿Cómo te has sentido estos días?"
- Validar las emociones con frases como: "Es completamente normal sentirte así".

4. Validar el llanto y el proceso de duelo

- Es importante explicar que el llanto no es un signo de debilidad, sino una parte natural del duelo.
- Compartir ejemplos de duelo en diferentes culturas y tradiciones religiosas que normalicen el proceso.
- Ayudar a enfrentar los cambios en la vida diaria

- Identificar las tareas que realizaba el fallecido y buscar estrategias para manejarlas.
- Fomentar redes de apoyo dentro de la comunidad o la familia.

6. Mantener un vínculo con el ser querido fallecido

- Guardar objetos significativos y recordar lo aprendido en la relación.
- Celebrar el cumpleaños o aniversario del fallecido con un acto simbólico.
- Evitar frases hechas y formulismos vacíos
- En lugar de decir frases como "sé fuerte" o "Dios sabe por qué hace las cosas", es preferible:
  > "Estoy aquí para lo que necesites".
  > "No hay prisa para superar esto; tómate tu tiempo".

8. Proporcionar un espacio para el lamento

- Organizar círculos de apoyo donde se pueda compartir el dolor.
- Realizar prácticas de meditación o momentos de silencio en comunidad.

9. Observar señales de duelo complicado

- Prestar atención a cambios drásticos en el comportamiento, como aislamiento extremo o consumo de sustancias.
- Si la persona no muestra signos de mejoría con el tiempo, recomendar la búsqueda de ayuda profesional.

10. Respetar las diferencias individuales y brindar apoyo continuo

- Cada persona vive el duelo a su propio ritmo; no imponer tiempos ni expectativas.
- Acompañar a la persona en fechas significativas como aniversarios o festividades.
- Revisitar momentos especiales con un enfoque de gratitud en lugar de solo tristeza.

11. Consideraciones Adicionales

- Liberar de responsabilidades: Si la persona en duelo debe seguir cuidando de su familia, puede sentirse abrumada. Ofrecer ayuda con tareas diarias puede ser un gran apoyo.
- Apoyar en la logística del funeral: Especialmente en casos de personas viudas o niños en duelo.
- Crear ceremonias cuando no hay cuerpo presente: Puede ser un servicio memorial con fotos y recuerdos.
- Fomentar el ejercicio físico: Ayuda a manejar la ansiedad y a mejorar el sueño.
- Facilitar la aceptación progresiva de la pérdida: Por ejemplo, ayudar a organizar las pertenencias del fallecido cuando la persona esté lista.

La seguridad emocional en intervenciones individuales o grupales.

En espacios donde se trabaja el duelo y se explora el dolor de una pérdida, es fundamental evitar la reactivación traumática o un desbordamiento emocional que cause más daño que alivio. Por lo tanto, los acompañantes deben proveer los elementos para garantizar la seguridad emocional. A continuación, sugiero los siguientes pasos (ver figura 4.7):

1. Crear un ambiente seguro y contenido
- Establece normas claras de respeto, confidencialidad y no juicio.
- Cuida la disposición del espacio: que sea acogedor, privado, y sin interrupciones externas.
- Asegúrate de que las personas sepan que pueden participar libremente, sin obligación de compartir si no se sienten listas.

2. Preparar emocionalmente al grupo

- Inicia cada sesión con una invitación a la calma y la respiración consciente.
- Advertir con anticipación que algunas dinámicas pueden despertar recuerdos o emociones intensas.
- Usa frases como: "Si en algún momento sientes que necesitas salir, respirar, o no continuar, estás en todo tu derecho. Estamos aquí para cuidarte."

3. Identificar señales de alerta emocional. Esté atento(a):
- Hiperventilación, llanto incontrolable, desconexión de la realidad (disociación), palidez o rigidez corporal.
- Si ocurre, detén la dinámica, acompaña con una voz suave y guía hacia la respiración.
- Nunca obligue a continuar ni a hablar si la persona se muestra muy afectada.

4. Ofrecer herramientas de autorregulación emocional. Antes, durante y después de dinámicas profundas:
- Realiza ejercicios breves de respiración, arraigo y consciencia corporal.
- Ejemplo: "Siente tus pies tocando el suelo. Respira profundo. Toca con tus manos algo que tengas cerca. Estás a salvo aquí y ahora."

5. Brindar apoyo posterior a la actividad
- Ofrece tiempo para conversar individualmente con quienes lo necesiten después de la sesión.
- Anima a que no se vayan solos/as si están removidos emocionalmente.
- Si es posible, ten un profesional capacitado (psicólogo o terapeuta) de apoyo, o alguien designado para primeros auxilios emocionales.

6. Dar seguimiento entre sesiones
- Pregunta cómo se sintieron después de la sesión anterior.
- Anima a que compartan si han tenido sueños, recuerdos o emociones nuevas, sin forzarlos.

- Proporciona recursos de ayuda profesional en caso de que alguien muestre signos de trauma persistente (pesadillas, insomnio, ansiedad severa, retraimiento social).

7. Autocuidado de los facilitadores. Recuerde que:
- Acompañar el dolor ajeno puede despertar también el propio.
- Buscar espacios de supervisión, descanso emocional y autocuidado cuando se acompaña en procesos de duelo con regularidad.

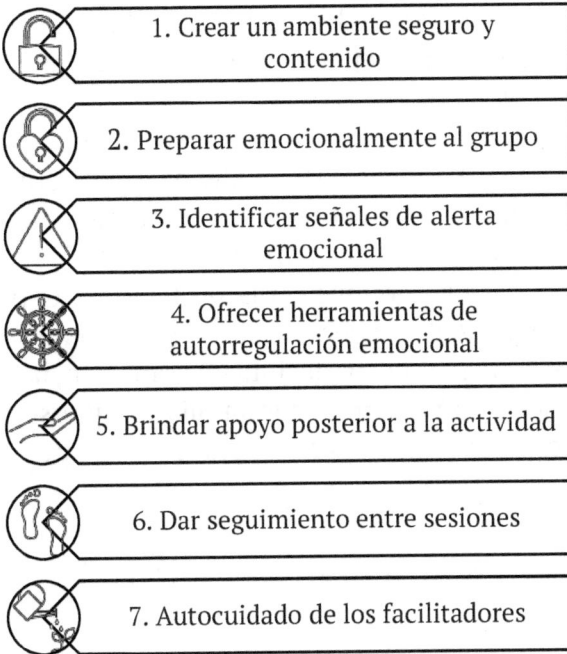

1. Crear un ambiente seguro y contenido

2. Preparar emocionalmente al grupo

3. Identificar señales de alerta emocional

4. Ofrecer herramientas de autorregulación emocional

5. Brindar apoyo posterior a la actividad

6. Dar seguimiento entre sesiones

7. Autocuidado de los facilitadores

Figura 4.7 - Seguridad emocional en intervenciones individuales o grupales

Conclusión

El duelo también es un proceso complejo y único para cada persona. A través de intervenciones no clínicas basadas en el apoyo comunitario, la espiritualidad y la resiliencia, es posible acompañar a quienes han perdido a un ser querido de manera empática y efectiva. Aunque el tiempo no borra la pérdida, un acompañamiento adecuado puede facilitar la adaptación a una nueva realidad en la que el amor y los recuerdos sigan presentes sin impedir la continuidad de la vida.

El duelo es un proceso complejo y multifacético que afecta a las personas en diferentes niveles: emocional, físico, mental y espiritual. La teoría de los sistemas familiares de Bowen subraya la importancia de abordar el duelo no solo a nivel individual, sino también dentro del contexto del sistema familiar. Entender y trabajar el duelo en este marco permite identificar patrones relacionales y dinámicas que pueden influir en la adaptación y sanación de la pérdida.

Es esencial reconocer que cada miembro de la familia aporta una perspectiva única y que las pérdidas pueden alterar significativamente el equilibrio del sistema familiar. Mediante el uso de herramientas como el genograma, podemos visualizar estos patrones y diseñar intervenciones terapéuticas más efectivas que promuevan la resiliencia y el bienestar a largo plazo. Abordar el duelo de manera holística, considerando tanto los aspectos individuales como sistémicos, facilita una sanación más profunda y completa, permitiendo a las personas y sus familias adaptarse a su nueva realidad y continuar con sus vidas de una manera saludable y significativa.

Para la práctica personal y grupal: Estrategias para acompañarte en tu Proceso de Duelo

El duelo es un camino profundamente personal, donde cada paso merece ser dado con cuidado y compasión. A continuación, te comparto algunas estrategias que pueden ayudarte a adaptarte y encontrar equilibrio en medio del dolor, atendiendo las distintas dimensiones de tu ser.

Dimensión física: Escucha y cuida tu cuerpo

• Descansa bien: Dormir es fundamental para recuperar el equilibrio físico y emocional. Intenta mantener horarios regulares de sueño, similares a los que tenías antes del aislamiento. Practica técnicas de relajación antes de dormir y evita el uso excesivo de pantallas por la noche.

• Respeta tus ritmos: Si sientes la necesidad de bajar el ritmo, descansar o hacer pausas, hazlo sin culpa. Las experiencias traumáticas agotan nuestra energía; es necesario darte el tiempo que tu cuerpo necesita para recuperarse.

• Muévete con intención: El ejercicio físico, incluso en formas suaves o creativas, como bailar, estirarte o caminar, puede ayudarte a liberar tensiones y facilitar el descanso.

Dimensión emocional y conductual: Da espacio a lo que sientes

• Reconoce tus emociones: Es natural sentir tristeza, soledad, enojo o desconcierto. Estas emociones forman parte del proceso de duelo.

• Exprésate con libertad: Habla sobre lo que sientes con personas en quienes confías. Compartir tu dolor puede ayudarte a sentirte acompañado/a, incluso a la distancia.

• Busca momentos de soledad saludable: Si necesitas estar a solas, está bien. Comunícalo con quienes convives para evitar malentendidos. El recogimiento puede ser reparador si no se convierte en aislamiento prolongado.

• Identifica tus redes de apoyo: Haz una lista de personas con las que te sientes cómodo/a hablando. Puede ayudarte saber a quién acudir en momentos difíciles.

• Valida tu experiencia: Es comprensible que sientas soledad o falta de atención por parte de tu entorno. Todos estamos atravesando tiempos difíciles y, a veces, los demás no saben cómo ayudarte, aunque lo deseen.

• Escribe lo que sientes: Anotar tus pensamientos o grabar tu voz puede ser una forma poderosa de canalizar el dolor y encontrar claridad.

• Conecta con otros: Únete a grupos de apoyo, incluso virtuales. Saber que no estás solo/a puede marcar una gran diferencia.

• Cuida tu entorno: Transforma tu hogar en un espacio cálido y seguro. El ambiente también puede sostener tu estado emocional.

• Permite a otros que estén contigo cuando la necesites: No estás solo(a). Tu familia y amigos quizás no sepan qué hacer, pero quieren acompañarte.

Dimensión cognitiva: Suelta la exigencia, abraza la paciencia

• Sé amable contigo mismo(a): Tu mente está afectada por la carga emocional. No te exijas más de lo que puedes dar ahora.

• Rodea tu pensamiento de belleza: Escucha música suave, contempla imágenes que te reconforten, apóyate en palabras que te inspiren. Estos pequeños gestos pueden brindarte claridad.

• Evita decisiones importantes: Mientras transitas el duelo y la incertidumbre social continúa, intenta no tomar decisiones trascendentales. Espera a que la tormenta amaine un poco.

• Establece pequeñas metas cotidianas: Una rutina sencilla y flexible puede ayudarte a sentir estabilidad y dirección.

Dimensión espiritual: Cultiva tu interior

• Crea un rincón de memoria: Dedica un espacio en casa para colocar objetos que te conecten con tu ser querido. Puede ser un lugar para recordar, agradecer, llorar o simplemente estar.

• Practica el silencio: Dedica unos minutos cada día al silencio. Este ejercicio te ayudará a conectar contigo mismo/a, reconocer tus emociones y encontrar alivio en medio de la angustia.

• Busca lo que te nutre: Escucha música que te conmueva, lee textos significativos, contempla el arte, sal a observar la naturaleza si puedes. La espiritualidad se alimenta de lo que da sentido.

• Explora tu creatividad espiritual: Escribir, pintar, cantar o cualquier forma de expresión puede ayudarte a procesar el dolor y abrir camino hacia la esperanza.

Recuerda: No estás obligado(a) a estar bien todo el tiempo. El duelo es un viaje que merece ser recorrido con paciencia, rodeado de cuidado, amor y compasión. Paso a paso, con suavidad, irás encontrando tu nuevo equilibrio.

Actividad de grupo:

Actividad Grupal: "Un Lugar en el Corazón"

Objetivo: Favorecer la expresión del duelo desde las dimensiones emocional y espiritual, fortaleciendo el sentido de comunidad y esperanza.

Duración total: 60–75 minutos

Número de participantes sugerido: 6–10 personas que hayan experimentado una pérdida reciente.

Materiales necesarios: Hojas blancas o de colores, lápices, marcadores, colores, tijeras, revistas viejas para recortar (opcional), música instrumental suave, velas pequeñas o luz tenue (opcional, para crear un ambiente de recogimiento)

Facilitador(es): Deben ser personas que han procesado su propio duelo y tienen amplio conocimiento de las respuestas emocionales del duelo. (Lea las recomendaciones para garantizar la seguridad del grupo).

Etapas de la actividad

1. Bienvenida y preparación del espacio (10 minutos)
• Invita a las personas a formar un círculo.
• Crea un ambiente cálido, con música suave y luces bajas si es posible.
• Comienza con una breve oración o lectura que invite al recogimiento interior.

"Hoy queremos darnos permiso para recordar, para sentir, y también para apoyarnos unos a otros. El duelo es un lenguaje que necesita tiempo, cuidado y compañía."

2. Ejercicio de conexión interior: "Recuerdo y presencia" (10 minutos)

Invita al grupo a cerrar los ojos y realizar una breve meditación guiada:

"Lleva tu atención al centro de tu pecho. Respira profundamente. Recuerda a tu ser querido: su voz, su risa, algo que solían hacer juntos. ¿Qué quisieras decirle hoy? ¿Qué te diría él o ella en este momento? Reflexiona un instante en ese pensamiento..."

3. Actividad creativa: "Un lugar en mi corazón" (25 minutos)

• Entrega a cada persona una hoja en blanco.
• Invita a dibujar un **corazón grande** en el centro.
• Dentro del corazón, cada persona puede escribir o dibujar cosas que representen a su ser querido: palabras, nombres, símbolos, frases, colores, recortes.
• También pueden incluir emociones que están sintiendo hoy.

"Este corazón representa ese espacio íntimo donde vive la memoria, el amor, la ausencia y la esperanza. No hay una forma correcta. Solo lo que tú necesites expresar hoy."

4. Compartir en grupo (15–20 minutos)
• Invita a quien lo desee a compartir lo que ha escrito o dibujado.
• Escucha activa, sin corregir ni interpretar. Solo validar:

"Gracias por compartir esta experiencia", "Tu recuerdo es muy valioso", "Aquí te acompañamos".

5. Cierre espiritual: "Velamos la memoria" (5–10 minutos)
• Si es posible, enciendan una vela (real o simbólica) por cada ser querido.
• Se puede cerrar con una oración, un poema o una canción sencilla.
• Frase de despedida: *"El amor no desaparece. Lo llevamos dentro, y entre todos, lo cuidamos."*

Opcional: Reflexión para llevar a casa

Entrega una tarjeta o papel con esta frase para que lleven consigo:

CAPÍTULO 5

Trauma y Apego: Una Mirada a los Vínculos y sus Rupturas

"No llores porque las cosas hayan terminado,
sonríe porque han existido"

C.E. Bordakian

E l trauma, especialmente cuando ocurre durante los primeros años de vida, tiene un impacto significativo en las relaciones de apego y en la manera en que las personas interactúan emocionalmente con los demás. El apego en la infancia no se limita a una experiencia única ni a una serie de momentos aislados. Es el producto acumulado de numerosos eventos físicos y emocionales que vivimos a través de la manera en que nuestros cuidadores manifiestan su afecto hacia nosotros. Abrazos, gestos de protección, palabras y caricias son ejemplos de expresiones que nos brindan sensación de seguridad y cuidado. Estas interacciones cotidianas construyen un vínculo fundamental que influye en nuestro desarrollo emocional y social. La calidad de este apego determina cómo percibimos el mundo y a las personas que nos rodean durante nuestra vida.

El apego, como vínculo emocional profundo entre un niño y su cuidador principal, es fundamental para el desarrollo psicológico, emocional y social. Sin embargo, cuando el trauma interrumpe este proceso, ya sea por negligencia, abuso o separación, las consecuencias pueden ser duraderas y afectar la capacidad de la persona para formar conexiones saludables.

La teoría del apego, desarrollada por John Bowlby, destaca que las experiencias tempranas de cuidado son esenciales para establecer patrones seguros de apego. Un entorno marcado por el trauma puede alterar estos patrones, creando respuestas de apego inseguro, como ansiedad, evitación o desorganización. Estas respuestas pueden perpetuarse en la adultez, influyendo en cómo las personas enfrentan el estrés, manejan la pérdida y se relacionan con los demás.

Explorar la relación entre el trauma y el apego permite comprender cómo las experiencias dolorosas afectan no solo el presente, sino también las relaciones futuras. Además, esta perspectiva es esencial para diseñar intervenciones terapéuticas que promuevan la sanación y la seguridad emocional.

María Magdalena: superando el trauma, abrazando la esperanza (Juan 20:1-18)

El relato de María Magdalena como testigo ocular de la crucifixión de Jesús, desde la lente del trauma, ofrece una visión de las experiencias asociadas con una pérdida traumática. La narración proporciona al lector del Evangelio una perspectiva diferente sobre lo que significa conocer a Jesús resucitado. Al lector se le ofrecen dos encuentros para reflexionar sobre la resurrección: el sepulcro vacío y el encuentro de María con Jesús resucitado.

Esta narrativa ofrece algunos detalles relacionados con el sufrimiento de María Magdalena a través de la lente del trauma y el duelo. Según W. Thomas Sawyer, María Magdalena es considerada una de las principales seguidoras de Jesús y su nombre proviene de su ciudad natal en Magdala. Presumiblemente, ella era la líder de un grupo de mujeres que seguían a Jesús y apoyaban financieramente su comisión (Marcos 15:40, 47; 16:1; Mateo 27:55-56; Lucas 8:2-3; 24:10) María Magdalena fue testigo de la crucifixión y sepultura de Jesús, ungió su cuerpo, fue la primera en el sepulcro (Marcos 16:1; Jn 20,1), y según el Evangelio de Juan, fue el primero en ver a Jesús resucitado (Jn 20,14). Además, ella fue la primera en informar sobre la tumba vacía (Marcos 16:1-7; Juan 20:1-2). María Magdalena fue parte del ministerio galileo de Jesús y a menudo se la identifica erróneamente como la mujer pecadora en Lucas 7:36-39 que ungió a Jesús. Durante el ministerio de Jesús, se habla mucho más de María Magdalena que de otras mujeres.[94]

Versículos 1-2:

> *El primer día de la semana, muy de mañana, cuando todavía estaba oscuro, María Magdalena fue al sepulcro y vio que habían removido la piedra que cubría la entrada. 2 Así que fue corriendo a ver a Simón Pedro y al otro discípulo, a quien Jesús amaba, y les dijo: —¡Se han llevado del sepulcro al Señor y no sabemos dónde lo han puesto!* (Juan 20:1-2, NVI)

El relato dice que cuando María Magdalena llegó al sepulcro en medio de la oscuridad, y notó que la piedra que cerraba la entrada al sepulcro había sido removida. Ante esto, corrió de inmediato a buscar a Simón Pedro y al discípulo amado de Jesús para decirles que el cuerpo de Jesús había desaparecido. Rambo argumenta que el texto indica que, debido a la oscuridad del día, María tiene una visión limitada que le impide ver con claridad los detalles de la tumba vacía, llevándola a buscar a los discípulos para decirles que el cuerpo de Jesús había desaparecido.[95] A diferencia de los evangelios sinópticos (Mateo 28:1; Marcos 16:1; Lc 24,10) donde María Magdalena está acompañada por otras mujeres, en esta escena María aparece sola. Luego de este evento, María Magdalena no vuelve a ser mencionada en el texto hasta el versículo 11.

Versículos 3-10:

> *3 Entonces Pedro y el otro discípulo se dirigieron al sepulcro. 4 Ambos fueron corriendo, pero como el otro discípulo corría más rápido que Pedro, llegó primero al sepulcro. 5 Inclinándose, se asomó y vio allí las vendas, pero no entró. 6 Tras él llegó Simón Pedro y entró en el sepulcro. Vio allí las vendas 7 y el sudario que había cubierto la cabeza de Jesús, aunque el sudario no estaba con las vendas, sino enrollado en un lugar aparte. 8 En ese momento entró también el otro discípulo, el que había llegado primero al sepulcro; y vio y creyó. 9 Hasta entonces no habían entendido la Escritura que*

---

[94] W. Thomas Sawyer, "Mary," in *Mercer Dictionary of the Bible,* ed. Watson E. Mills (Macon: Mercer University Press, 1997), 555.

[95] Rambo, *Spirit and Trauma,* 84.

dice que Jesús tenía que resucitar.10 Los discípulos regresaron a su casa.
(Juan 20:3-10, *NVI*)

El texto describe cómo Pedro y el discípulo amado fueron a verificar
el testimonio de María Magdalena. Al llegar al sepulcro, el discípulo amado
notó que las vendas aún estaban allí, pero no entró. Luego, Pedro llegó,
ingresó al sepulcro y observó tanto las vendas como el sudario que había
cubierto la cabeza de Jesús, colocados en su lugar. Solo entonces el
discípulo amado entró también, y el texto señala que "vio (εἶδεν) y creyó
(ἐπίστευσεν)", aunque todavía no comprendía completamente lo ocurrido.
El relato detalla minuciosamente lo que Pedro observa dentro de la tumba,
marcando un punto en el que la confusión inicial comienza a disiparse con
el descubrimiento de las sábanas y el sudario de Jesús.[96] Sin embargo, el
texto no aclara si María regresó al sepulcro junto con los discípulos o si fue
informada posteriormente sobre lo que los discípulos encontraron.[97]

Versículos 11-18

11 pero María se quedó afuera llorando junto al sepulcro. Mientras lloraba,
se inclinó para mirar dentro del sepulcro 12 y vio a dos ángeles vestidos de
blanco, sentados donde había estado el cuerpo de Jesús, uno a la cabecera y
otro a los pies. 13 —¿Por qué lloras, mujer? —le preguntaron los ángeles. —
Es que se han llevado a mi Señor y no sé dónde lo han puesto —les respondió.
14 Apenas dijo esto, volvió la mirada y allí vio a Jesús de pie, aunque no sabía
que era él. 15 Jesús dijo: —¿Por qué lloras, mujer? ¿A quién buscas? Ella,
pensando que se trataba del que cuidaba el huerto, le dijo: —Señor, si usted
se lo ha llevado, dígame dónde lo ha puesto y yo iré por él. 16 —María —dijo
Jesús. Ella se volvió y exclamó: —¡Raboni! (que en hebreo significa
"Maestro"). 17 Jesús le dijo: —No me detengas, porque todavía no he vuelto
al Padre. Ve más bien a mis hermanos y diles: "Vuelvo a mi Padre, que es
Padre de ustedes; a mi Dios, que es Dios de ustedes". 18 María Magdalena

---

[96] Gail R. O'Day, "The Gospel of John" in *The New Interpreter's Bible*. Vol. IX, ed.
Leander E. Keck (Nashville: Abingdon Press, 1995), 841.
[97] Rambo, *Spirit and Trauma*, 84.

fue a dar la noticia a los discípulos. «¡He visto al Señor!», exclamaba, y les contaba lo que él le había dicho. (Juan 20:11-18, *NVI*)

En el versículo 11, el texto señala que María Magdalena miró dentro del sepulcro, pero, a diferencia de Pedro y el discípulo amado, no percibió los mismos detalles. En cambio, encontró a dos ángeles que, con compasión, indagaron sobre su dolor. Según Rambo la visión de María no se ve obstaculizada simplemente por sus lágrimas y su posición de visión; sino también por la realidad de lo que percibía. Solo podía ver ciertas cosas, y solo las veía en algún sentido. En lugar de encontrar el cuerpo de Jesús o incluso las huellas de los lienzos de la sepultura, vio a dos ángeles (v. 12) que marcaban el vacío de Jesús.[98] Rambo sugiere que el texto proporciona una imagen de una mujer llorando, "que está presente, pero de alguna manera siempre en las afueras de la escena central. A pesar de que Pedro y el discípulo amado habían entrado en el sepulcro, el texto implica que María permaneció fuera. Sus lágrimas revelaron no solo que estaba abrumada por el dolor, sino que también mostraron una obstrucción a su vista",[99] representado por su llanto, mencionado tres veces en el capítulo. O'Day destaca que Juan es el único Evangelio en el que María "llora" (κλαίω klaiō) en la tumba, conectando este llanto con las palabras de Jesús en 16:20ª, donde les dice a sus discípulos que llorarán y se lamentarán, pero que el mundo se regocijará.[100]

Cuando los ángeles le preguntaron a María: "Mujer, ¿por qué lloras?", ella continuó buscando el cuerpo de Jesús, respondiendo: "Se han llevado a mi Señor, y no sé dónde lo han puesto". O'Day subraya que los ángeles no anuncian la resurrección, sino que dirigen su atención al dolor personal de María, quien se enfoca en su pérdida individual sin mencionar la confusión de la comunidad.[101]

---

[98] Ibíd., 85.

[99] Ibíd., 84.

[100] O'Day, "The Gospel of John," 841.

[101] Ibíd., 842.

En los versículos 14-18, se narra el encuentro de María con Jesús. Inicialmente, ella no lo reconoció y lo confundió con el jardinero, quien le repitió la misma pregunta que los ángeles: "Mujer, ¿por qué lloras?". María respondió aún buscando el cuerpo de Jesús. No fue hasta que Él la llamó por su nombre, "¡María!", que ella lo reconoció, exclamando en arameo: "¡Rabboni!" (que significa "Maestro"). O'Day señala que este momento marca la transformación del dolor en alegría a través de la palabra y la presencia del Cristo resucitado, creando una de las imágenes más conmovedoras del Nuevo Testamento. La gracia y felicidad de la resurrección se manifiestan cuando María abandona su dolor y responde a su maestro con esperanza y expectación. [102] En este sentido, Rambo plantea que, después de una abrumadora experiencia de violencia y sufrimiento, los relatos correctos de las experiencias traumáticas no pueden recordarse o comunicarse plenamente de manera convencional. Más bien, emerge una forma diferente de comunicación, donde el pasado busca una expresión en el presente, reflejando el impacto profundo y continuo del trauma en la narrativa de María Magdalena. [103]

El duelo es un proceso activo y distintivo que se activa después de una pérdida. Incluye componentes emocionales, cognitivos y relacionales y su elaboración dependerá de muchas variables. Conocer los distintos tipos de pérdidas ayuda al ayudante a comprender las reacciones diferenciales y comunes a cada una de ellas. Sin embargo, la reacción ante la pérdida se basa, sobre todo, en el tipo de apego que el individuo ha establecido a lo largo de su vida, por lo que los ayudantes no pueden generalizar ciertas reacciones a cada tipo de pérdida. Durante los procesos de duelo, se deben considerar factores personales, familiares y culturales, con el entendimiento de que cada individuo y cada sistema tiene su propia forma de enfrentar la pérdida.

El apego y sus implicaciones en los procesos de trauma y duelo

---

[102] O'Day, "The Gospel of John," 844.

[103] Rambo, *Spirit and Trauma,* 110.

La teoría del apego establece que los seres humanos forman vínculos emocionales cercanos desde el nacimiento y a lo largo de su vida. El apego constituye un vínculo emocional fundamental que se inicia en la infancia con un cuidador principal receptivo y consistente. Este proceso va más allá de la etapa de lactancia y se convierte en la base de las relaciones afectivas futuras, observándose tanto en humanos como en otras especies de mamíferos. Además, el apego hacia figuras significativas, tales como progenitores o personas con vínculos duraderos, persiste durante toda la vida. Cuando esos apegos se rompen, pueden ocurrir fracturas y roturas graves en la personalidad, lo que aumenta la ansiedad en los afligidos. En 1980, John Bowlby identificó cuatro fases principales que un adulto experimenta al enfrentar la pérdida de un familiar cercano debido a la muerte. Estas fases reflejan el proceso natural de adaptación al duelo y ayudan a comprender las reacciones emocionales y comportamentales ante la pérdida. Las cuatro fases son las siguientes: **(1) Fase de incredulidad y embotamiento de la sensibilidad.** El individuo experimenta episodios abrumadores de pánico, acompañado de búsqueda de apoyo, refugios en amigos, y sentimiento de rabia. Esta fase puede durar entre unas pocas horas o semanas; **(2) Fase de anhelo y búsqueda de la figura perdida.** Aquí la persona experimenta ansiedad, agonía emocional, insomnio, y pensamientos persistentes que invocan la presencia de la persona fallecida. Esta fase suele durar de meses a años; **(3) Fase de desorganización y desesperanza.** Durante esta etapa, las relaciones sociales se tornan desafiantes, especialmente en las culturas occidentales, y la sensación de perdida se intensifica; **(4) Fase de mayor o menor reorganización.** En esta última etapa, algunas personas logran reajustar su vida, incluso estableciendo nuevas relaciones significativas, como volver a casarse, y adaptándose a su nueva realidad.[104]

La búsqueda de María Magdalena del cuerpo de Jesús refleja paralelismos con la segunda etapa del duelo según Bowlby, en la que el individuo se aferra a la necesidad de buscar la figura perdida, en este caso,

---

[104] John Bowlby, "Loss, Sadness, and Depression," in *Attachment and Loss*. Vol. III (New York: Basic Books, 1980), 85.

Jesús. Cada relación significativa desempeña un papel único en nuestras vidas y estas conexiones influyen profundamente en cómo experimentamos y procesamos el dolor,[105] En donde la separación de la figura de apego puede desencadenar una gran ansiedad, y la pérdida permanente de la figura puede sacudirlo a uno en el nivel más básico. [106] Aunque la teoría del apego no abarca todos los aspectos de la respuesta individual ante la pérdida, puede servir como una valiosa herramienta para orientar a los ministros en su labor de apoyo a las personas en duelo.[107]

También, el luto de María Magdalena muestra asociación con algunas etapas generalizadas de duelo propuesto por Therese A. Rando, la cual propone tres etapas principales como manifestación emocional del duelo:[108] **(1) Fase de evitación,** en la que hay conmoción, negación e incredulidad; **(2) Fase de confrontación,** un estado altamente emocional en el que el duelo es más intenso y las reacciones psicológicas a la pérdida se sienten más agudamente; y **(3) fase de restablecimiento,** en la que se produce una disminución gradual del duelo y el inicio de una reintegración emocional y social en el mundo cotidiano. (Ver figura 5.1).

---

[105] Kelly, *Grief: Contemporary Theory and the Practice of Ministry,* 51.

[106] Ibíd., 58.

[107] Ibíd., 64-67.

[108] Rando, *Grief, Dying, and Death: Clinical Interventions for Caregivers,* 28-36.

Fase de Evitación	Conmoción	Negación e incredulidad
Fase de confrontación	Estado altamente emocional y duelo más intenso.	Reacciones psicológicas agudas
Fase de Reestablecimiento	Disminución gradual del duelo	Reintegración emocional y social

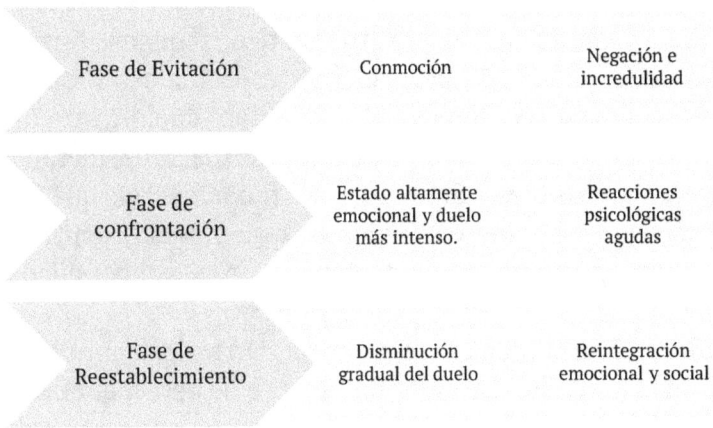

Figura 5.1 Las etapas principales como manifestación emocional del duelo según Rando

El luto de María Magdalena llega a su fin al ver y escuchar a Cristo resucitado, convirtiendo su historia en un relato único y profundamente significativo. Sin embargo, en la realidad, las personas que lidian con sus pérdidas aprenden a convivir con ella, navegando las diferentes etapas del duelo que facilitan un proceso de sanidad y adaptación individual. Así, las teorías o modelos para procesar la pérdida deben respetar la individualidad y la universalidad del duelo, ya que no hay una forma correcta de morir o llorar, solo existe la forma humana.[109] Para la comunidad de fe, el relato de María Magdalena no solo creó nuevas posibilidades de supervivencia para los discípulos y seguidores de Jesús, sino que también inauguró una nueva perspectiva para la expansión del ministerio de Jesús.

Renée Bradford identifica que los síntomas, emociones y comportamientos asociados con las reacciones traumáticas al duelo suelen formar parte de un proceso adaptativo saludable y no necesariamente

---

[109] Stephen J. Freeman, *Grief & Loss: Understanding the Journey* (United States: Thomson Brooks/Cole, 2005) 59.

indican patología. Sin embargo, el duelo por la pérdida de una persona significativa puede ser profundamente intenso, perturbador y doloroso. Las personas que atraviesan un duelo traumático también pueden enfrentarse a profundas dudas y decepciones espirituales. Bradford enfatiza que brindar apoyo a quienes experimentan duelo y trauma requiere una comprensión integral de su experiencia, considerando también los factores culturales. Por ello, es fundamental que los acompañantes permitan a los dolientes responder a su pérdida de manera auténtica, respetando su dignidad y adaptándose a sus necesidades individuales.[110]

La narración de María Magdalena resuena particularmente en la vida de los inmigrantes Hispanos/Latinos. En tiempos de desesperanza, al igual que María Magdalena, esta comunidad puede sentir que no percibe claramente la presencia de Jesús a su lado. Metafóricamente, los Hispanos/Latinos en los Estados Unidos de América continúan esperando que Jesús los llame por su nombre, encontrando esperanza dentro de los desafíos sociales. Por lo tanto, apoyar a quienes atraviesan estas experiencias a menudo requiere intervenciones únicas y especializadas.

La historia de María Magdalena ayuda a comprender que la experiencia del dolor y el trauma que afectan a las personas es individual y única. Presenciar la violencia y el sufrimiento de los demás de manera impactante puede dificultar la capacidad de recordar plenamente las experiencias traumáticas. Las muertes traumáticas generan una angustia significativa que requiere intervenciones adecuadas. Además, las personas en estado de shock emocional tras una pérdida repentina a menudo no tienen la capacidad de buscar ayuda, lo que hace esencial un seguimiento cuidadoso para garantizar que reciban el apoyo necesario.

Lo que el trauma nos enseña sobre las relaciones

En un contexto marcado por el trauma, la percepción de un espacio seguro se ve severamente comprometida. La proximidad física puede ocasionalmente ofrecer seguridad, pero la soledad tampoco resulta

---

[110] Bradford and Pomeroy, *Trauma and Grief,* 85-87.

confiable, ya que el individuo queda desprotegido en ausencia de la persona que brinda contención segura. La expresión emocional se torna vulnerable, dado que manifestaciones como la tristeza o el enojo infantil suelen desencadenar respuestas agresivas o negligentes por parte de padres maltratadores. Asimismo, las necesidades básicas de atención y cercanía no garantizan protección, pues pueden ser objeto de explotación en estos entornos adversos. La confianza en el consuelo se ve afectada, especialmente cuando dicho consuelo proviene de cuidadores que ejercen maltrato, lo cual genera inseguridad tanto para recibir afecto como para demostrar sentimientos amorosos hacia ellos. De este modo, todas las dimensiones de las relaciones cercanas se tornan potencialmente dañinas en situaciones traumáticas.

La Doctora en psicología Janina Fisher enfatiza que el apego seguro promueve simultáneamente la capacidad de intimidad y autonomía, mientras que los estilos de apego inseguros generan la percepción de que tanto la cercanía como la independencia pueden ser amenazas para el individuo.[111]

¿Cómo influye el tipo de apego en las relaciones adultas?

El tipo de apego que se desarrolla en la infancia tiene una influencia profunda en la forma en que nos relacionamos en la adultez, especialmente en vínculos cercanos como las relaciones de pareja. Estos patrones de apego funcionan como modelos internos que guían nuestras expectativas, emociones y comportamientos en las relaciones interpersonales.

Apego seguro

---

[111] Janina Fisher, *La Transformación del Legado Vivo del Trauma: Libro de trabajo para supervivientes y terapeutas*. Traducción del Inglés: Miriam Ramos Morrison (Barcelona: Editorial Eleftheria, S.L., 2023) 112-113.

Las personas con un estilo de apego seguro suelen establecer relaciones equilibradas y saludables. Confían en sí mismas y en los demás, comunican sus emociones con claridad y saben establecer límites sin alejarse afectivamente. Este estilo favorece una buena gestión de los conflictos, relaciones estables y satisfactorias, y una mayor resiliencia emocional. En general, quienes tienen apego seguro se sienten cómodos tanto con la cercanía como con la autonomía.

Apego ansioso

Quienes tienen un estilo de apego ansioso tienden a buscar aprobación constante y a temer el abandono. Su necesidad de cercanía emocional puede traducirse en conductas dependientes, celos o demandas excesivas hacia la pareja. Esto suele generar dinámicas inestables y una fuerte ansiedad relacional. También pueden tener dificultades para autorregular sus emociones, lo cual complica la construcción de vínculos seguros y duraderos.

Apego evitativo

El apego evitativo se caracteriza por una preferencia marcada por la independencia emocional. Estas personas suelen evitar la intimidad profunda y les resulta difícil confiar o depender de los demás. Su necesidad de mantener el control y evitar la vulnerabilidad puede llevar a relaciones distantes, frías o poco comprometidas. A menudo, priorizan la autosuficiencia y minimizan la importancia de los vínculos afectivos cercanos.

Apego desorganizado

Este estilo de apego combina el deseo de cercanía con el miedo al rechazo o al abandono, lo que genera conductas contradictorias y relaciones caóticas. Las personas con apego desorganizado pueden alternar entre buscar afecto de forma intensa y luego retirarse bruscamente. Esto provoca relaciones impredecibles, marcadas por confusión emocional, conflictos frecuentes y una sensación constante de inseguridad.

El impacto del apego en la vida adulta

Los estilos de apego actúan como un mapa emocional en nuestras relaciones adultas. Mientras que el apego seguro está asociado con mayor bienestar emocional, relaciones satisfactorias y habilidades efectivas para afrontar el estrés, los estilos inseguros (ansioso, evitativo y desorganizado) suelen generar dificultades en la intimidad, baja satisfacción relacional y mayor vulnerabilidad frente a los conflictos. Además, la combinación de estilos dentro de una pareja puede influir directamente en la estabilidad y calidad del vínculo. Por ello, comprender el propio estilo de apego y el de la pareja puede ser un paso esencial hacia relaciones más sanas y conscientes. Aunque el estilo de apego se forma en la infancia, no es fijo ni inmutable. A lo largo de la vida, mediante la conciencia, la autorreflexión y, en muchos casos, la terapia, es posible evolucionar hacia un apego más seguro, mejorando así la calidad de las relaciones y la salud emocional.

En resumen, el tipo de apego influye decisivamente en cómo las personas se relacionan emocionalmente en la adultez, condicionando la calidad, estabilidad y satisfacción de sus vínculos afectivos. Reconocer el propio estilo de apego es un paso fundamental para promover relaciones más sanas y satisfactorias.

Actividad de grupo: "Explorando mi estilo de apego y cómo me relaciono"

Objetivo: Promover la autoexploración del estilo de apego individual y cómo este influye en las relaciones significativas. Fomentar la empatía y el entendimiento mutuo dentro del grupo.

Duración: 60–75 minutos
Materiales: Hojas con una breve descripción de los cuatro estilos de apego, papel y bolígrafos para cada participante, pizarra o rotafolio (opcional)
Facilitador(es): Deben ser personas que han procesado su propio trauma y tienen amplio conocimiento de las respuestas emocionales hacia el trauma. (Lea las recomendaciones para garantizar la seguridad del grupo).

Parte 1: Introducción (10 minutos)
El facilitador explica brevemente qué es el apego y cómo se forma, subrayando que:
1. No hay estilos "buenos" o "malos", sino formas aprendidas de vincularse.
2. Todos los estilos son adaptaciones emocionales que pueden cambiar con el tiempo y el cuidado adecuado.

Parte 2: Reflexión individual (15 minutos)
Entrega a cada persona un resumen sencillo de los cuatro estilos de apego (seguro, ansioso, evitativo y desorganizado). Luego haz estas preguntas para que respondan por escrito:
1. ¿Con cuál estilo(s) de apego te identificas más?
2. ¿Cómo crees que este estilo ha influido en tus relaciones cercanas (familia, amistades, pareja)?
3. ¿Qué fortalezas reconoces en tu forma de vincularte?
4. ¿Hay algo que te gustaría transformar o desarrollar más?

Parte 3: Diálogo en pequeños grupos (20 minutos)
Divide al grupo en subgrupos de 3–4 personas. Pide que, quien lo desee, comparta sus reflexiones. Anímalos a escucharse con respeto, sin interrumpir ni juzgar.

Guía para la conversación:
1. ¿Algo que me sorprendió al reflexionar?
2. ¿Me sentí identificado/a con alguien más del grupo?
3. ¿Qué puedo aprender de otros estilos de apego?

Parte 4: Discusión plenaria (15 minutos)
Vuelvan al grupo completo. El facilitador puede hacer preguntas como:
1. ¿Qué descubrimientos hicieron sobre sí mismos?
2. ¿Cómo puede esta comprensión ayudarnos a construir relaciones más sanas?
3. ¿Qué papel puede jugar la fe o la espiritualidad en el proceso de sanar vínculos?
(Usar una pizarra para recoger ideas clave puede reforzar el aprendizaje.)

Parte 5: Cierre (5 minutos)
Invita a cada participante a escribir una frase de compromiso personal, por ejemplo:
"Me comprometo a..." o *"Hoy me llevo..."*
Se puede terminar con un momento de oración o lectura reflexiva (ej. 1 Juan 4:18 "En el amor no hay temor..."), conectando el cuidado emocional con la dimensión espiritual.

CAPÍTULO 6

El Proceso para Sanidad del Trauma

"La sanidad del trauma ocurre cuando podemos recordar sin revivir, cuando podemos contar nuestra historia en presencia de alguien que no se asusta."[112]

Diane Langberg

S egún SAMHSA, el trauma ocurre en un entorno comunitario, ya sea un vecindario, una iglesia o un lugar donde se desarrollan las relaciones interpersonales. "Dado que las comunidades a menudo están profundamente moldeadas por sus historias traumáticas, dar sentido a la experiencia traumática y contar la historia de lo que sucedió utilizando el lenguaje y el marco de la comunidad es un paso importante hacia la curación del trauma individual y comunitario".[113] Desde una perspectiva de salud mental, compartir las historias de lo que sucedió utilizando el lenguaje y el marco de la comunidad es un paso importante en el proceso de curación.

Desde un lente bíblico, historias en el Antiguo Testamento que relatan el sufrimiento, asedio, esclavitud y deportación de los israelitas ofrecen una descripción de la experiencia del trauma colectivo. Igualmente, El Nuevo testamento, es los evangelios describe las experiencias traumáticas de los primeros cristianos como testigos oculares de la crucifixión de Jesús, las persecuciones y la lucha por la sobrevivencia como una nueva comunidad de fe. Estas historias están contadas por

---

[112] Diane Langberg, *Suffering and the Heart of God: How Trauma Destroys and Christ Restores*, (Greensboro: New Growth Press, 2015), 43.

[113] SAMSHA's Concept of Trauma and Guidance for Trauma-Informed approach." *SAMSHA.* https://ncsacw.acf.hhs.gov/userfiles/files/SAMSHA_Trauma.pdf (Accessed June 22, 2022), 17.

sobrevivientes y testigos del trauma. El teólogo David Carr comenta que la Biblia está saturada de trauma y supervivencia. Si la Biblia fuera una persona, sería una persona que soportaría cicatrices, huesos rotos, desgarros musculares y otras heridas de sufrimiento prolongado". [114] El relato de Jesús y sus discípulos en el camino a Emaús (Lucas 24:13-35) ofrece una narrativa profundamente transformadora sobre el proceso de sanación en medio del trauma y el dolor.

Jesús y sus discípulos en el camino a Emaús (Lucas 24: 13-35): Un paradigma para la curación del trauma y el duelo

La crucifixión y muerte de Jesús fue una experiencia de duelo traumático para María, como madre de Jesús y testigo presencial, para los discípulos y para toda la comunidad de creyentes que lo seguía. David Carr sugiere que, en los Evangelios, la historia de Jesús es contada por sobrevivientes del trauma después de la crucifixión, enfatizando que este final solo anticipó vagamente la resurrección, conservando aún la punzada de la traumática pérdida de Jesús. [115]

El relato del camino a Emaús es parte de los relatos de resurrección ubicados en Lucas 24: 1-53. En esta narrativa de los dos discípulos en el camino a Emaús, Jesús resucitado se une a ellos, sin ser reconocido, para indagar sobre su discusión relacionada con la tumba vacía (Lc 24:17). Los discípulos al contar la historia conocida de la resurrección de Jesús fueron re-instruidos debido a su poco conocimiento. En consecuencia, Jesús les explicó todo acerca de Él en las Escrituras (Lc 24, 26-29). Más tarde, Jesús fue identificado al partir el pan durante una cena con los discípulos. Esta narración describe cómo los dos discípulos encontraron acompañamiento y un espacio para relatar su experiencia, ser escuchados, comprendidos, y transformados en momentos de aflicción.

---

[114] Carr, *Holy Resiliency*, 250.
[115] Carr, *Holy Resiliency*, 227-229

Primero, Cristo resucitado acompañó a los dos discípulos y caminó junto a ellos.

"Aquel mismo día, dos de ellos se dirigían a un pueblo llamado Emaús, a unos once kilómetros de Jerusalén. [14] Iban conversando sobre todo lo que había acontecido. [15] Sucedió que, mientras hablaban y discutían, Jesús mismo se acercó y comenzó a caminar con ellos; [16] pero no lo reconocieron, pues sus ojos estaban velados." (Lucas 24: 13-16, *NVI*)

El evangelio de Lucas relata que los dos discípulos caminaban y hablaban de lo sucedido. Los discípulos estaban tratando de encontrarle sentido a lo que había sucedido. Su líder había sido torturado y ejecutado. Jones señala que estos discípulos desorientados que intentaban reordenar la forma de entender lo sucedido en sus mentes eran sobrevivientes del trauma que llevaban en su conversación y cuerpo la realidad del horror vivido en comunidad.[116] Tomando la iniciativa, Jesús se acercó a los dos discípulos y se unió a ellos para entrar en comunión, exploró sus necesidades y comenzó un camino de transformación a su lado. Jesús caminó silenciosamente con ellos a través de su dolor y trauma, escuchando lo que hablaban.

El acercamiento de Jesús al lugar del sufrimiento le permitió conocer la angustia vivida por los dos discípulos. No reconocieron a Jesús[117], pero le permitieron caminar con ellos.[118] Al igual que Jesús, unir a las personas en comunión es crear una relación amistosa de colaboración y solidaridad mutua. Es conocer a las personas y aceptarlas tal como son. Aquí, el maestro se une a los dos discípulos, los acompaña en el lugar donde están, entra en su realidad y camina con ellos.[119] El teólogo Daniel L. Migliore, al profundizar en la doctrina de la persona y las obras de Cristo, sostiene que los cristianos deben aprender de una comprensión de Cristo que se ha formado a través de historias de sufrimiento y esperanza que son

---

[116] Jones, *Trauma and Grace* 39.

[117] En el versículo 16, el verbo traducido "reconocer" o "percibir" (griego ἐπιγινώσκω -epiginosko) es uno que Lucas usa con frecuencia (1:4, 22; 5:22; 7:37; 23:7).

[118] R. Alan Culpepper, "Luke-John," in *The New Interpreter's Bible*, Vol. IX, ed. Leander E. Keck (Nashville: Abingdon Press, 1994), 477.

[119] Schipani, *Manual de Psicología Pastoral*, 22.

muy distintas a las nuestras. En este sentido, afirma que "los cristianos tienen tanto la libertad como la obligación de confesar a Cristo de manera pertinente y relevante en su propio contexto específico, manteniendo la continuidad con el testimonio del Nuevo Testamento y en diálogo con las experiencias, necesidades y esperanzas particulares de las personas en el presente".[120]

Segundo, el Señor resucitado se encuentra con los dos discípulos para ayudarlos a expresar sus historias.

> ¿Qué vienen discutiendo por el camino? —preguntó. Se detuvieron, cabizbajos. 18 Uno de ellos, llamado Cleofás, le dijo: ¿Eres tú el único peregrino en Jerusalén que no se ha enterado de todo lo que ha pasado recientemente? 19 ¿Qué es lo que ha pasado? —preguntó. (Lucas 24:15-19, *NVI*)

Jesús comenzó la conversación observando a los dos discípulos que discutían sus preocupaciones. Luego, les hizo una pregunta abierta: ¿Qué vienen discutiendo? (v. 17). Con tristeza y abatimiento, la pregunta se convirtió en una especie de invitación para que los discípulos reflexionaran y pudieran expresar sus angustias y emociones. En medio del dolor y la confusión, Cleofás, en un tono retrospectivo, preguntó: ¿Eres el único peregrino en Jerusalén que no ha oído hablar de todo lo que ha sucedido recientemente? (v. 18). Jesús con una escucha activa reaccionó y abrió un espacio para que los discípulos compartieran su historia. Así, les ayudó a verbalizar su trauma y duelo. Jesús no minimizó su dolor, sino que, permaneció con ellos mientras procesaban sus emociones y expresaban sus tristezas.[121]
Jones enfatiza que, como comunidad de fe, la iglesia permite a sus miembros ser narradores, tejedores, artistas, poetas y visionarios capaces

---

[120] Daniel L. Migliore, *"Faith Seeking Understanding: An Introduction to Christian,"* 3rd Edition (Michigan: William B. Eerdmans Publishing Company, 2014), 173.

[121] Esteban Montilla and Ferney Medina, *Pastoral Care and Counseling with Latinos/as* (Minneapolis: Fortress Press, 2006), 37.

de tomar la violencia repetitiva del trauma y reformularla en el contexto de su historia de fe. Jones propone tres formas en que la iglesia puede ayudar a las personas a compartir y procesar experiencias de trauma. En primer lugar, las personas que experimentaron el trauma deben poder contar su historia y verbalizar la verdad de la violencia en todos los niveles. En segundo lugar, debe haber un testigo de este testimonio, una tercera persona que no sólo cree un espacio seguro para hablar, sino que también acepte lo sucedido. En este caso, la congregación debe estar preparada para tomar los acontecimientos traumáticos con seriedad y honestidad y aceptación plena. En tercer lugar, el narrador y el testigo deben comenzar a contar una historia nueva y diferente entre sí, lo cual no significa olvidar el pasado. Más bien, significa relatar los acontecimientos de tal manera que se restablezca la voluntad y sea posible la esperanza.[122]

Cuando Jesús preguntó a los dos discípulos: "¿De qué discuten...?" (v.19) Jesús abrió un espacio seguro y dio poder a los dos discípulos para contar su historia. Según Judith Herman, el primer principio de la recuperación del trauma es recuperación del poder (empoderamiento) del sobreviviente.[123] Cualquier intervención que intente desempoderar al superviviente destruye las posibilidades de promover su recuperación, incluso si se ha hecho el mejor esfuerzo. Cuando la iglesia, en su contexto local, abre espacios para expresar pérdidas y traumas, se convierte en una comunidad sanadora sostenida por el amor, que empodera y acompaña con compasión a quienes sufren. El teólogo Justo Gonzales enfatiza que: "Si Dios se hizo uno entre nosotros, entonces nosotros que decimos servirle no podemos dejar de ser parte de la comunidad empobrecida y marginada a la que somos llamados. El ministerio social cristiano debe ser un ministerio de encarnación porque es un ministerio en el nombre del Señor encarnado, y tiene que ser un ministerio de presencia y acompañamiento".[124] Desde una perspectiva social de la comunidad Hispana/Latina, Emaús se convierte en un refugio frente la realidad de las historias de dolor. Como subraya Culpepper "Jesús con misericordia

---

[122] Jones, *Trauma and Grace*, 32.

[123] Herman, *Trauma and Recovery*, 133.

[124] Justo L. González and Virgilio Elizondo, *¿Quién Es Mi Prójimo?: La Fe Cristiana y la Acción Social* (Filadelfia: Libros Esperanza, 1996), 58.

encuentra a cada persona en el camino hacia su Emaús en lugares comunes y lo experimenta de maneras desconocidas".[125] En estos versículos, Jesús se acerca con compasión a los dos discípulos, invitándolos a compartir su desánimo con una simple pregunta: ¿de qué están hablando? El Cristo resucitado no sólo los encuentra donde están; sino que también los empodera para expresar la historia de la gran pérdida de su líder. Cuando las personas enfrentan situaciones confusas, una forma de ayudar es mediante preguntas asertivas, lo que les permite compartir claramente sus emociones y preocupaciones, mientras se sienten escuchados.

Tercero, el Cristo resucitado interviene en las historias distorsionadas de los discípulos para reconstruir su historia.

> ¡Qué torpes son ustedes —les dijo—, y qué tardos de corazón para creer todo lo que han dicho los profetas! 26 ¿Acaso no tenía que sufrir el Cristo estas cosas antes de entrar en su gloria? (Lucas 24:25-26, *NVI*)

De camino a Emaús, Jesús, al ver la tristeza y escuchar los lamentos de los dos discípulos, intervino de inmediato en la historia que le acababan de contar. Los interrumpió y los llamó torpes o necios (v. 25). Jones sugiere que Dios sabe cómo contaremos las historias distorsionadas de nuestros eventos traumáticos, y esas historias pueden llevar las marcas de la violencia que nos persigue, perpetuando más daño.[126] Así, Jesús entra en la imaginación de los dos discípulos. El Señor resucitado habló de su propia historia y reconstruyó la narrativa de su muerte y la continuación de su vida. Esta experiencia de aprendizaje amplió la comprensión de los discípulos, llevándolos de la ignorancia al pleno reconocimiento de la realidad.[127]

Este fue un encuentro kerigmático para los discípulos. Por su naturaleza, kerigma significa compartir y anunciar las historias de redención. Esta palabra griega se traduce como "mensaje" o

---

[125] Culpepper, *Luke-John*, 482.

[126] Jones, *Trauma and Grace*, 39.

[127] Culpepper, *Luke-John*, 480.

"proclamación", y se utiliza en el Nuevo Testamento para referirse a la proclamación cristiana central de la salvación a través de Cristo crucificado y resucitado".[128] El encuentro de los dos discípulos con Jesús fue kerigmático en la medida en que Jesús los guió a una mejor comprensión de las Escrituras y, por ende, a un mayor entendimiento de las referencias de Jesús ellas. Dios se encarnó plenamente en Jesús, convirtiéndose hombre para comprender el sufrimiento humano. Rompió todos los paradigmas estructurales de su tiempo para enseñar la palabra viva de Dios y el amor al prójimo de manera contextual y transcultural. Acompañar a las personas en su trauma a menudo requiere confrontar pensamientos ilógicos y creencias irracionales que pueden tener.

Posteriormente, los dos discípulos se mostraron tan receptivos a la intervención de Jesús, hasta el punto de insistirle que no se apartara de su presencia; manifestación de hospitalidad por parte de los discípulos, que subraya la importancia de la comunión y el acompañamiento en momentos de confusión y desánimo.

> Al acercarse al pueblo adonde se dirigían, Jesús hizo como que iba más lejos. 29 Pero ellos insistieron: —Quédate con nosotros que está atardeciendo, pronto será de noche. Así que entró para quedarse con ellos. (Lucas 24:28-29, *NVI*)

El recuento de la vida de Jesús aclaró las historias distorsionadas de los dos discípulos y transformó su percepción de la crucifixión de Jesús. De manera similar, la iglesia es un agente de cambio que, en su contexto sociocultural e histórico, actúa como la comunidad de Dios comprometida para responder a las necesidades de sus seguidores, guiarlos en la enseñanza y llevarles sanidad. Por lo tanto, la encarnación de Dios en Jesús no se puede hacer en un vacío; más bien, debe atender a las realidades concretas de la vida en las que se lee y escucha el mensaje bíblico.[129] Dios llama a su pueblo a ser una comunidad que aborde los desafíos actuales con una reflexión crítica y constructiva, iluminada por la verdad en

---

[128] Migliore, *"Faith Seeking Understanding*, 456.

[129] Ibid., 208.

Jesucristo. Una comunidad que busque la plenitud del ser humano, desarrollando el ministerio liberador, sustentador, sanador y reconciliador de Jesús. Así, proclama una nueva realidad de libertad, justicia, paz y esperanza, a la que Dios nos invita a participar.[130]

En estos versículos, Jesús corrige la narrativa distorsionada que los discípulos tenían sobre Él. Schipani alude que Jesús, además de escuchar, Jesús capta su imaginación y les proporciona los medios para los discípulos comprendieran la salvación desde una perspectiva histórica.[131] En la experiencia del trauma y la pérdida, la narración de los hechos puede dar lugar a interpretaciones erróneas que, en lugar de promover la curación, perpetúan el sufrimiento. Estas historias necesitan ser aclaradas para reconstruir la realidad. Acompañar a las personas en su dolor y trauma, muchas veces, desafía pensamientos ilógicos y creencias irracionales que puedan haber desarrollado. De manera similar, a través de las Escrituras, Dios brinda a su pueblo la oportunidad de corregir interpretaciones distorsionadas aprendidas y descubrir la verdad dentro de la comunidad de fe.

Cuarto, Jesús es identificado gracias a los símbolos litúrgicos utilizados en sus acciones.

> 30 Luego, estando con ellos a la mesa, tomó el pan, lo bendijo, lo partió y se lo dio. 31 Entonces se les abrieron los ojos y lo reconocieron, pero él desapareció. 32 Se decían el uno al otro: —¿No ardía nuestro corazón mientras conversaba con nosotros en el camino y nos explicaba las Escrituras? (Lucas 24:30-33, NVI)

Lucas narra que, en el camino a Emaús, Jesús aceptó la hospitalidad de los dos discípulos y se sentó a la mesa con ellos. "Estando a la mesa con ellos, tomó pan, dio gracias, lo partió y comenzó a dárselo" (v. 30). En ese instante, sus ojos se abrieron y reconocieron a Jesús, en medio de un acontecimiento de comunión vivificante. Montilla destaca que el lenguaje litúrgico empleado por Jesús al partir el pan permite a los discípulos

---

[130] Schipani, *Manual de Psicología Pastoral*, 6-7.
[131] Ibid., 22.

reconocerlo y recuperar una verdad perdida.[132] Rambo sugiere que este pasaje revela la dificultad de reconocer el trauma, ya que Jesús apareció inicialmente como un extraño y solo se hizo visible en el acto de compartir una comida. Añade que "para los lectores sintonizados con el trauma, las escenas de pérdida, duelo, confusión y duda en los Evangelios son significativas, no accidentales; y proporcionan modelos mediante los cuales los cristianos contemporáneos pueden afrontar sus propias experiencias".[133] En esa línea, Jones señala que la realidad de la gracia irrumpe en la vida de "los dos discípulos a través de un gesto corporal que los abraza profundamente". Explica que, en ese momento "los dos discípulos ven de manera diferente; el ciclo repetitivo del trauma se rompe y sus imaginaciones se reestructuran en torno a una mesa compartida, no preparada para celebrar una victoria patriótica vengativa, sino una mesa de sanidad y compañerismo".[134] Este momento marca el regreso a una vida con significado y la reconstrucción de la identidad después del trauma. La reconexión es una de las experiencias centrales de la recuperación del trauma.

Cuando la hospitalidad y el compañerismo se encuentran, surge la oportunidad para una reunión sagrada capaz en la que se experimenta la presencia de Dios. Es decir, "el lenguaje eucarístico implica que la iglesia experimenta la presencia continua del Cristo resucitado mientras se reúne a la mesa del Señor".[135] Mariela de la Paz Cot agrega que una comunidad cristiana es sanadora porque participa de la experiencia de vivir la fe celebrada en los sacramentos, en la liturgia y en el servicio amoroso. Una comunidad que atiende no solamente las necesidades materiales sino también curando relaciones heridas por medio del perdón y la reconciliación y siendo presencia de Cristo los unos para con los otros en

---

[132] Montilla and Medina, *Pastoral Care,* 40.

[133] Shelly Rambo, *"Theology After Trauma,"* Christian Century, November 20, 2019, 23.

[134] Jones, *Trauma and Grace,* 40.

[135] Culpepper, *Luke-John,* 479-480.

el camino de la vida y en la relación con toda la creación.[136] Migliore observa que la historia del camino a Emaús tiene una dimensión eclesial; pues, al igual que la iglesia, los dos discípulos accedieron a un encuentro donde Jesús se hace presente de manera corporal, histórica y en reconciliadora. Añade que este pasaje es "particularmente instructivo porque ofrece un proceso de aprendizaje en medio de esperanzas rotas"; [137] y así, guiando a los discípulos desde la confusión, trauma, y duelo hacia la compresión y la renovación de su fe.

En resumen, el relato de Jesús y sus discípulos en el camino a Emaús ofrece los siguientes principios fundamentales para fortalecer el proceso de la recuperación del trauma:

1. **Dios se encuentra con las personas donde están, dándoles el poder de contar y comprender sus historias.** El empoderamiento del sobreviviente es imperativo. Cualquier intervención que intente desempoderar al superviviente destruye las posibilidades de promover su recuperación, incluso si se ha hecho el mejor esfuerzo. Jesús empodero a los discípulos a contar su historia en un ambiente seguro y confiable. Según Herman, la primera etapa clave para la recuperación del trauma requiere reestablecer la seguridad física y emocional de la persona. Un entorno estable permite que la persona pueda recuperar el control sobre su vida.[138]

2. **Dios ofrece la oportunidad de corregir las narrativas distorsionadas de sufrimiento**, permitiendo reconstruir la realidad desde una perspectiva redentora. La reconstrucción de las historias distorsionadas del sobreviviente en fundamental en la recuperación. El relato de la vida de Jesús corrigió las versiones erróneas presentadas por los dos discípulos y modificó su comprensión sobre la crucifixión de Jesús. Herman propone en su modelo de

---

[136] Marianela de la Paz Cot, "El Cuidado Pastoral y Los Ritos en la Comunidad Sanadora," en *Nuevos Caminos en Psicología Pastoral,* ed. Daniel Schipani (Buenos Aires: Ediciones Kairós, 2011), 156.

[137] Migliore, *"Faith Seeking Understanding,* 198-201.

[138] Herman, *Trauma and Recovery,* 155-174.

recuperación del trauma una segunda etapa que llama "recordar y lamentar." Aquí se trata de reconstruir la narrativa de lo sucedido, permitiendo que la persona recuerde, exprese y dé sentido a su experiencia sin revivir el trauma de manera abrumadora. De acuerdo con Herman, en esta etapa la persona comienza a procesar el trauma de manera consciente.[139]

3. **Dios coloca personas para acompañarnos y reconectarnos con nuestra espiritualidad** en medio de esperanzas rotas. Jesús orientó a los discípulos desde la confusión, el trauma y el duelo hacia una mejor comprensión y renovación de su fe. Precisamente, "reconexión y reintegración" es la tercera y última etapa que Herman propone. Aquí, La persona desarrolla una nueva narrativa sobre sí misma, en la que ya no es definida únicamente por el trauma. La persona está lista para tomar medidas concretas para aumentar su sensación de poder y control, para protegerse contra peligros futuros y para profundizar sus alianzas con aquellos en quienes ha aprendido a confiar. Esta etapa fomenta la reintegración en la comunidad, la reconstrucción de relaciones y la recuperación de la capacidad de confiar en otros.[140]

Explorar esta historia ayuda a identificar principios clave para equipar a los líderes en el acompañamiento de personas que enfrentan dolor y el trauma. La narrativa del camino a Emaús es un paradigma útil para brindar a poyo a quienes han vivido pérdidas y traumas, ya sean individuales o colectivas.

Según SAMHSA, el trauma ocurre en un entorno comunitario, ya sea un vecindario, una iglesia o un lugar donde se desarrollan las relaciones interpersonales. SAMHSA enfatiza que "La forma en que una comunidad responde al trauma individual sienta las bases para el impacto del evento, la experiencia y el efecto traumáticos. Las comunidades que brindan un contexto de comprensión y autodeterminación pueden facilitar el proceso

---

[139] Ibid., 175-195.

[140] Ibid., 197-213.

de curación y recuperación del individuo".[141] Desde una perspectiva de la salud mental, compartir las historias de lo sucedido utilizando el lenguaje y marco de referencia de la comunidad es un paso fundamental en el proceso de curación.

La historia del camino a Emaús proporciona un modelo para equipar a las congregaciones en el acompañamiento de sus miembros mediante los siguientes principios:

- **Formar líderes** para que caminen junto a quienes sufren traumas y pérdidas.
- **Empoderar a las personas afectadas por un trauma** para que puedan contar su historia de dolor.
- **Reconstruir las narrativas del sufrimiento** desde una perspectiva mental y espiritual, ayudando a las personas a comprender su trauma de manera más saludable.
- **Revisar el duelo y experiencias traumáticas** desde un enfoque contextual y teológico, integrando la liturgia como un recurso sanador en el proceso de recuperación.
-

Este enfoque permite a las comunidades de fe a convertirse en espacios de acompañamiento y restauración, donde la sanidad del trauma y el duelo se entrelaza con la experiencia espiritual y el apoyo mutuo.

---

[141] SAMHSA's Trauma and Justice Strategic Initiative, "Next Steps: Trauma in the Context of Community." *SAMHSA's Concept of Trauma and Guidance for a Trauma-Informed Approach,* (2014): 17, accessed July 30, 2022, from https://ncsacw.acf.hhs.gov/userfiles/files/SAMHSA_Trauma.pdf

Actividad de grupo: Retiro: *"Caminando hacia la sanidad"*
Objetivo: Facilitar un espacio seguro donde las personas puedan explorar sus propias experiencias de dolor o confusión espiritual a la luz del relato de Emaús, reconociendo cómo Dios se hace presente, redime las narrativas de sufrimiento y provee acompañamiento.
Duración total sugerida: 5-6 horas
Materiales:
• Biblias o copias impresas de Lucas 24:13–35.
• Hojas y lápices para cada participante.
• Velas pequeñas o una imagen simbólica de camino (opcional, para ambientación).
• Papelógrafo o pizarra.

Estructura del día:
Bienvenida y Compañerismo (30 min): música suave, materiales listos, lectura introductoria del pasaje (Lucas 24:13–35), tiempo de oración guiada.

Sesión 1: "Contando nuestra historia" (90 min)
Principio 1: Dios se encuentra dónde estamos y nos da poder para contar nuestra historia
• Reflexión: Jesús se acerca mientras los discípulos comparten su dolor.
• Actividad escrita individual: "¿Qué historia de dolor estoy llevando conmigo?"
• Compartir en grupos pequeños.
• Cierre con tiempo de auto-reflexión.

Sesión 2: "Corrigiendo la historia" (90 min)
Principio 2: Dios corrige nuestras narrativas distorsionadas de sufrimiento.
• Reflexión guiada: Jesús interpreta las Escrituras.
• Pregunta: "¿Qué parte de mi historia necesita una nueva perspectiva?"
• Actividad creativa: reescribir la historia desde los ojos del amor de Dios (puede incluir arte o collage)

• Breve meditación o lectio divina.

Sesión 3: "Acompañados y transformados" (90 min)

Principio 3: Dios coloca personas para reconectarnos con nuestra espiritualidad

• Actividad: caminata en parejas o en silencio (si el espacio lo permite), reflexionando: "¿Dónde he reconocido a Cristo en mi camino?"

• Ritual simbólico: proveer una celebración de grupo como la comunión, etc.

• Compartir de las experiencias significativas del evento.

• Oración de motivación y envío.

CAPÍTULO 7

El Lamento: Una Oportunidad para la Expresión Emocional

*"El lamento no es un síntoma de una fe debilitada,
sino una forma legítima de procesar nuestro dolor,
expresando profundamente lo que no puede guardarse
en silencio.*

Santiago Reales

E l duelo saludable es un proceso dinámico que involucra una amplia gama de emociones, desde la tristeza y el enojo hasta la gratitud y la esperanza. Una persona resiliente no evita ni reprime estas emociones, sino que las reconoce, las experimenta y, con el tiempo, encuentra formas de integrarlas en su vida sin quedar atrapada en una sola de ellas. *La resiliencia se define como la capacidad de adaptarse de manera efectiva frente a la adversidad, el trauma, las tragedias, las amenazas o fuentes significativas de estrés.*

La capacidad de expresar plenamente las emociones es un componente esencial de la resiliencia. Permitirnos sentir y procesar el dolor, la confusión o la angustia nos ayuda a adaptarnos a la pérdida de manera saludable. En contraste, la supresión emocional, aunque puede ofrecer un alivio momentáneo y la ilusión de control, suele tener efectos negativos a largo plazo. La acumulación de emociones no procesadas puede contribuir a síntomas de ansiedad, depresión, estrés crónico e incluso afectar la salud física, aumentando el riesgo de padecimientos cardiovasculares, problemas digestivos y trastornos del sueño.

Los sentimientos reprimidos obstaculizan el avance del proceso de curación. Por lo tanto, la experimentación y expresión completa de los sentimientos de dolor son componentes esenciales en dicho proceso. Las investigaciones más recientes indican que los sobrevivientes que eligen no procesar su trauma son tan saludables psicológicamente como aquellos que sí lo hacen.[142] Este capítulo se centrará en explorar los lamentos como una oportunidad para la expresión emocional, ayudando a las personas a encontrar sentido en sus experiencias y reconstruir su bienestar emocional.

Salmo 74: Un recurso para el lamento comunitario en tiempos de aflicción

La colección de poemas religiosos en el libro de los Salmos incluye expresiones de lamento y llanto asociadas con el duelo y el dolor. El duelo se define como las respuesta individual y colectiva ante una pérdida significativa, manifestándose a través de diversas emociones. Antes de analizar el Salmo 74, recordemos algunas emociones comunes dentro del duelo normal. En su libro *Grief & loss*, Stephen J. Freeman identifica varias emociones típicas del duelo:

1. Tristeza: Es la emoción más frecuente asociada con el duelo y suele expresarse a través del llanto.

2. Entumecimiento o shock: Es una reacción que actúa como un mecanismo de defensa para evitar que la persona en duelo se sienta abrumado por emociones intensas.

3. Ira: A menudo surge como una respuesta a la pérdida y puede estar relacionada con la frustración. En algunos casos, la ira puede ser desplazada o dirigida hacia otros en el entorno. Otras emociones asociadas con el duelo incluyen culpa, fatiga, impotencia, sensación de estar abrumado, soledad, alivio, irritabilidad y depresión.[143] Los sentimientos bloqueados retrasan el progreso de la curación. Por lo tanto, experimentar y expresar plenamente los sentimientos de agonía es una parte indispensable del proceso de curación.[144]

---

[142] *Quick guide for clinicians based on tip 57: Trauma-informed care in Behavioral Health Services* (2015). Rockville, MD: U.S. Department of Health and Human Services, Substance Abuse and Mental Health Services Administration, Center for Substance Abuse Treatment, 36-37.

[143] Stephen J. Freeman, *Grief & Loss: The beginning of the Journey* (United States: Thomson Brooks/Cole, 2005), 63-64.

[144] Howard Clinebell, *Basic Types of Pastoral Care and Counseling: Resource for the Ministry of Healing and Growth* (Nashville: Abingdon Press, 1984), 229.

El Salmo 74 ilustra cómo los lamentos pueden servir como una poderosa herramienta para expresar los sentimientos profundos de una comunidad en el proceso de curación. Este tipo de expresión no solo facilita el duelo colectivo, sino que también alienta a las personas a ser honestas con Dios, articulando sus emociones, desafíos, desilusiones y dudas. El Salmo 74 es un lamento comunitario que refleja una queja colectiva de dolor y angustia. Además, expresa una profunda espiritualidad marcada por la incertidumbre asociadas con la caída de Jerusalén ante los babilonios en 587 A.C. La destrucción del templo que era el eje central de la vida religiosa y social del pueblo, genero una crisis de identidad y una profunda desorientación pública. Con la pérdida del templo, los valores y significados fundamentales de la sociedad se vieron amenazados, lo que identifico el dolor y la sensación de vacío entre el pueblo.[145] En los años de devastación posteriores al 587 A.C., la comunidad de fe encontró en su propia existencia un testimonio de resiliencia. A pesar del exilio y la dispersión, los judíos desplazados reconocieron que la vida continuaba, aunque en nuevos lugares y bajo diferentes circunstancias. la Biblia destaca dos comunidades clave que, en medio de su sufrimiento, mantuvieron la adoración y su esperanza: la comunidad en Babilonia, donde profetizaba Ezequiel, y la comunidad exiliada en Egipto, donde fue llevado Jeremías.[146] En este contexto, la experiencia de pérdida y desplazamiento planteó profundas preguntas de fe: ¿Sigue siendo Yahvé poderoso? ¿Permanece Yahvé fiel a su pueblo? ¿Cómo se mantiene la esperanza en el exilio? ¿Es posible ir más allá del exilio? ¿Hay vida después del exilio? Un aspecto teológico notable de este período fue que el exilio impulsó a la comunidad judía a practicar una fe creativa y resiliente. En respuesta a la crisis, desarrollaron nuevas expresiones de su fe, dando lugar a una literatura elocuente y decisiva dentro del Antiguo Testamento.[147] La destrucción de la ciudad y el templo no solo represento

---

[145] Walter Brueggemann, *The Message of the Psalms: A theological Commentary* (Minneapolis: Augsburg Publishing House, 1984), 67.

[146] Birch et al., *A Theological Introduction to the Old Testament*. 345.

[147] Ibid., 346.

una pérdida física, sino que también tuvo implicaciones espirituales. Para el pueblo de Israel, la creencia en un Dios que intervenía de salvadora y liberadora a lo largo de su historia nacional se vio sacudida. La sensación abandono divino se convirtió en dilema ético y teológico de gran magnitud. En medio de esta crisis política y de profundo dolor espiritual, surgieron preguntas angustiantes: ¿Por qué Dios nos ha abandonado? ¿Por qué ha dejado de ser fiel al Pacto?[148]

Estas preguntas exigían un pensamiento tanto claro como imaginativo. La fe se veía desafiada en sus aspectos más profundos, inmediatos y esenciales. En este contexto, las preguntas retóricas y teológicas, formuladas con creatividad, no solo intentaban encontrar respuestas, sino que también daba voz a un sentimiento abrumador de fracaso e incertidumbre que afectaba cada aspecto de la vida comunitaria. Así, la primera tarea de los exiliados fue dar una expresión a su ira, la tristeza, y dolor, así como al profundo sentimiento de pérdida que impregnaba su existencia. Lo habían perdido todo: aquello que valoraban, aquello que daba coherencia y significado a la vida.[149] En este contexto, el Salmo 74 resuena como un profundo sentimiento de resentimiento y pérdida.

El Salmo 74 comienza expresando una necesidad de Dios (vv. 1-3).

> *¿Por qué, oh Dios, nos has rechazado para siempre? ¿Por qué se ha encendido tu ira contra las ovejas de tu prado? 2 Acuérdate del pueblo que adquiriste desde tiempos antiguos, de la tribu que redimiste para que fuera tu posesión. Acuérdate de este monte Sión, que es donde tú habitas. 3 Dirige tus pasos hacia estas ruinas eternas; ¡todo en el santuario lo ha destruido el enemigo!* (Salmo 74: 1-3, *NVI*)

---

[148] Samuel Pagán, *Comentario de los Salmos*, Kindle Edition (Miami: Editorial Patmos, 2007), 539.

[149] Birch et al., *A Theological Introduction to the Old Testament*. 346.

En el versículo 1, la crisis se atribuye a la acción divina, destacando el papel de dios en la destrucción del templo y el castigo infligido a Juda. El salmista expresa su angustia preguntando por que Dios ha rechazado a su pueblo y ha permitido tal devastación.

El versículo 2 a la memoria de Dios, recordándole su acto redentor en el éxodo y su liberación, como también su viaje a Sión. A través de este llamado, el autor busca captar la atención divina y provocar su intervención en favor de su pueblo. En el versículo 3, esta suplica se intensifica al instar a Dios a contemplar el templo en ruinas, destruido por el enemigo.

Los versículos 4-8 presentan una descripción detallada de las pérdidas sufridas tras la destrucción del templo. El desastre es retratado como un ataque directo a todo lo que era valioso y sagrado; que alguna vez existieron. Luego, en los versículos 9-11, el salmista expresa la sensación de abandono divino, percibiendo la destrucción del templo como consecuencia del silencio y la aparente inacción de Dios. En este contexto, el escritor nuevamente ruega a Dios a que intervenga por el honor de su nombre para hacer a su enemigo.

La suplica se transforma en una afirmación de confianza en los versículos 12-17, donde se introduce un pasaje hímnico que exalta la soberanía de Dios sobre su creación, como expresión de confianza en tiempos de angustia.[150] Esta sección de caracteriza por la repetición del pronombre "tu", como si el salmista sintiera la necesidad de recordarle a Dios su identidad, sus acciones pasadas y lo que se espera de Él.[151] Basándose en esta apelación al propio pasado de Dios, los versículos 18-23 presentan una serie de imperativos dirigidos a Dios: "**acuérdate, no olvides** (v. 18), "**he aquí tu pacto**" (v.20), "**No permitas que los oprimidos sean avergonzados**" (v. 21).[152] Finalmente, el salmo concluye con un poderoso

---

[150] Bernhard W. Anderson with Steven Bishop, *Out of the Depths: The Psalms Speak for Us Today* (Louisville: Westminster John Knox Press, 2010), 133.
[151] Brueggemann, *The Message of the Psalms*, 70.
[152] Ibid., 70.

clamor en los versículos 22-23, exigiendo la intervención de Dios, y evocando el mandato primordial de Israel de invocar a Dios para que actúe en su favor. (cf. Nm 10; 35- 36).[153]

El Salmo 74 y su relevancia teológica y comunitaria

Primero, el Salmo 74 deja claro que la fe está en Dios, no en el templo. Sin embargo, esa fe se experimenta de manera concreta, visible e incluso institucional. La pérdida del templo no significa la ausencia de Dios en la historia ni en la naturaleza. Más bien, este salmo recalca que Dios sigue siendo la fuente de vida y esperanza, incluso en la ausencia de los símbolos tangibles como el templo.[154]

En segundo lugar, el Salmo 74 tiene importantes implicaciones eclesiológicas, especialmente en la comprensión del papel del sufrimiento. Este salmo anticipa el anuncio escatológico de Jesús sobre el reino de Dios (Mc 1, 14-15) y su llamado a un discipulado que no evita el sufrimiento, sino que asume la cruz (Mc 8, 34). Al igual que en el Salmo 74, la vida de fe se desarrolla en medio de la burla y oposición (vv. 10, 18, 22-23), reflejando la vida de Jesús y sus seguidores.[155]

De estos principios se desprenden dos ideas clave:

1. Como proceso de transformación: Este salmo de lamento colectivo enseña que el duelo es una experiencia de profunda tristeza que no puede corregir el pasado. Sin embargo, en medio de la pérdida, podemos encontrar apoyo de Dios como fuente de vida y esperanza.

---

[153] Ibid., 70.

[154] Ibid., 70.
[155] J. Clinton McCann Jr., *"The Book of Psalms,"* in The New Interpreter's Bible. Vol. IV (Nashville: Abingdon Press, 1994), 975.

2. Como un medio liberador: Los lamentos nos permiten articular nuestras experiencias traumáticas y expresar el dolor de manera comunitaria. Al expresar nuestras emociones y al compartir nuestras historias, damos voz de nuestra realidad y abrimos espacios para la sanidad.

El rostro del Salmo 74 en la comunidad Latina/Hispana

Desde una perspectiva práctica, el Salmo 74 resuena con la experiencia de la comunidad Hispana/Latina en los Estados Unidos han vivido como exiliados.

Primero, muchos Hispanos/Latinos han vivido en condición de exilio. Muchos de nosotros somos exiliados en el sentido literal y cotidiano. Por diversas razones, dejamos nuestra tierra natal y llegamos a esta nueva tierra. Por las razones que sean, las tierras de nuestro nacimiento están ahora definitivamente perdidas para nosotros, si ya no esperamos regresar, sino que hemos echado nuestra suerte en esta tierra adoptiva, ya no somos latinoamericanos exiliados en los Estados Unidos sino hispanoamericanos, gente que no tiene otra tierra que ésta, y sin embargo permanece en el destierro".[156]

Segundo, los Hispanos/Latinos enfrentan desigualdades socioeconómicas y barreras en el acceso a servicios, como indican diversas estadísticas. Al igual que los israelitas en el exilio, nos enfrentamos a preguntas de fe cuando vemos la y la injusticia social. Con incertidumbre y dolor, también nos preguntamos ¿por qué Dios ha abandonado al pueblo Hispano/Latino?

Para muchos inmigrantes, llegar a Estados Unidos implica cargar con pérdidas y traumas del pasado. En este contexto, el Salmo 74 ofrece

---

[156] Justo L. González, *Mañana: Christian Theology from a Hispanic Perspective* (Nashville: Abingdon Press, 1990), 41.

una invitación a la comunidad Hispana/Latina para expresar el sufrimiento y su ira como parte del proceso de sanidad. Pero este salmo también desafía a las congregaciones de fe a tomar la cruz en medio de conflictos y aflicciones, proclamando el reino de Dios a través de acciones concretas de sanidad y justicia.

En conclusión, Dios ha provisto a los seres humanos un medio legítimo para expresar su dolor: **el lamento**. A través del lamento, las personas presentan sus quejas a Dios, expresando plenamente su sufrimiento e incluso atreviéndose a cuestionarlo. Sin embargo, los lamentos no son un signo de duda, sino de fe profunda. En ellos, los creyentes no intentan resolver sus problemas por sí mismos, sino que claman a Dios pidiendo ayuda y justicia. Finalmente, los lamentos no solo dan voz al dolor, sino que también abren el camino a la esperanza. Permiten que quienes sufren expresen su confianza en Dios, culminando en un voto de alabanza y acción de gracias, afirmando que, aun en medio de la aflicción, Dios sigue siendo fuente de vida y restauración.

Actividad individual o de grupo: "¿Hasta Cuándo, Señor?"

Actividad de Lamento
Texto bíblico base: *Salmo 13 (completo)*
Duración estimada: 45–60 minutos
Objetivo: Guiar a los participantes a identificar sus propias preguntas, dolores y clamor, para expresarlos honestamente ante Dios y caminar hacia una afirmación de fe y esperanza.

Estructura del Salmo 13

El salmo puede dividirse en **cuatro movimientos**, que guiarán también la estructura de la actividad:
1. **Pregunta honesta (vv. 1–2):** *"¿Hasta cuándo, Señor?"*
2. **Clamor directo (v. 3–4):** *"Mira, respóndeme, Señor..."*
3. **Confianza expresada (v. 5):** *"Pero yo confío..."*
4. **Alabanza en camino (v. 6):** *"Cantaré al Señor..."*

Desarrollo de la actividad sugerida:

1. Ambientación y oración inicial (5–10 min)
• Crea un espacio tranquilo. Puedes encender una vela o poner música instrumental suave.
• Oración inicial: Invita a reconocer la presencia de Dios como alguien que escucha y no se espanta de nuestras emociones más profundas.

2. Lectura contemplativa del Salmo 13 (5–7 min)
• Leer el Salmo en voz alta, lentamente, una o dos veces.
• Puedes dividirlo en partes y asignar diferentes voces para cada segmento.

3. Reflexión personal escrita: "Mi propio Salmo 13" (15–20 min)
Entrega esta guía (puede estar en una hoja o proyectada en pantalla):

Escribe tu propio lamento siguiendo esta estructura:

A.   Pregunta honesta:
      ¿Qué te hace clamar "¿Hasta cuándo, Señor?"?
      Escribe una o dos frases que expresen tu dolor o confusión.

B.   Clamor directo:
      ¿Qué necesitas de Dios? ¿Qué deseas pedirle sin filtros?
      Escríbelo como un ruego sincero.

C.   Confianza expresada:
      ¿Qué puedes afirmar hoy, por pequeño que sea, sobre Dios o tu fe?
      ¿Qué recuerdas de su fidelidad en el pasado?

D.   Alabanza en camino:
¿Cómo puedes declarar un cántico al Señor, incluso si la respuesta aún no ha llegado?
Escribe una frase de esperanza o gratitud anticipada.

4. Tiempo para compartir en grupos pequeños (10–15 min) (Voluntario).
• Si el grupo lo permite, invita a compartir una línea o parte de su lamento.
• Recordar las reglas de cuidado: escucha sin juicio, confidencialidad, no interrumpir.

5. Síntesis comunitaria y cierre (10 min)
• Invita a los participantes a compartir en una palabra o frase corta lo que se llevan.
• Puedes cerrar leyendo en voz alta el v. 5–6 del Salmo 13 como una oración colectiva.

Opcional: Elemento simbólico
• Invita a escribir su "¿Hasta cuándo?" en un papel, y dejarlo al pie de una cruz o depositarlo en una caja de oración.
• Luego, como signo de esperanza, pueden encender una vela o tomar una piedra con una palabra escrita como: *esperanza, fidelidad, confianza, consuelo.*

"A través del lamento, encontramos una forma legítima y sagrada de procesar nuestro dolor, reclamar justicia y reafirmar nuestra fe en medio de la adversidad."

Santiago Reales

CAPÍTULO 8

El Acompañamiento en las Crisis Traumáticas

> *"El primer paso en la sanación del trauma es ayudar a la persona a sentirse segura en su cuerpo, en sus relaciones y en su entorno."*

Bessel van der Kolk[157]

E l trauma puede afectar profundamente a las personas en niveles emocionales, cognitivos, físicos y espirituales. Las intervenciones no clínicas, aunque no sustituyen el apoyo terapéutico profesional, pueden ser esenciales para la recuperación, proporcionando estrategias accesibles en entornos comunitarios, familiares y espirituales. Las siguientes intervenciones ayudan a quienes han experimentado trauma a procesarlo de manera saludable y a reconstruir su sentido de seguridad y bienestar.

La historia de Job: una advertencia para quienes acompañan en el trauma

En tiempos de dolor profundo, es vital contar con personas que puedan acompañar con sensibilidad y respeto. La historia de Job nos ofrece una advertencia clara para quienes somos llamados a cuidar de otros en medio del sufrimiento.

Job era un hombre íntegro y próspero que, de un momento a otro, perdió a sus hijos, su salud y sus posesiones. Tres amigos, al enterarse de su desgracia, decidieron ir a consolarlo (Job 2:11). Su primer gesto fue

---

[157] Bessel, Van der Kolk, *The Body Keeps the Score: Brain, Mind, and Body in the Healing Trauma* (New York: Penguin Books, 2014), 214.

acertado: se sentaron junto a él en silencio durante siete días. Esta actitud inicial encarna uno de los principios más importantes del acompañamiento en el trauma: la presencia silenciosa puede ser más poderosa que cualquier palabra. Sin embargo, cuando Job rompió el silencio y expresó su dolor, sus amigos dejaron de acompañar para comenzar a juzgar. Afirmaron que su sufrimiento era el resultado de algún pecado suyo o de sus hijos (Job 4:7–8; 8:6; 11:3–6). Su necesidad de explicar el dolor los llevó a ofrecer respuestas teológicas rígidas e inapropiadas, lo que profundizó el sufrimiento de Job. Por eso, él los confronta con estas palabras: "¡Qué consejeros tan miserables son ustedes!" (Job 16:2).

Esta historia bíblica ilustra un error común en el acompañamiento: tratar de corregir o interpretar el dolor del otro desde nuestras propias certezas, en lugar de escucharlo desde su experiencia. Como cuidadores, debemos recordar que el acompañamiento no es ofrecer explicaciones, sino sostener con humildad el misterio del sufrimiento humano.

Principios para el cuidado basado en la historia de Job:

1. La presencia compasiva es esencial. No siempre se necesitan palabras; el silencio respetuoso puede ser sanador.

2. Evita explicaciones apresuradas o teológicas rígidas. No estamos llamados a justificar el sufrimiento, sino a estar con quien lo padece.

3. Escucha sin juicio. Las preguntas o expresiones de dolor no son ataques a la fe, sino gritos del alma en busca de sentido.

4. Cuida el lenguaje. Las palabras que no han sido filtradas por la empatía pueden re-traumatizar al individuo, y generar una herida mayor.

El trauma impacta profundamente la vida de una persona, afectando su bienestar emocional, mental y físico. Para acompañar a quienes han vivido experiencias traumáticas, es esencial crear un espacio seguro, ofrecer un apoyo emocional auténtico y promover la expresión saludable de las emociones. El acompañamiento pastoral en estos contextos no se basa en tener respuestas, sino en cultivar una presencia compasiva, una escucha atenta y una actitud de humildad. Ser acompañantes fieles implica renunciar a la necesidad de explicar el sufrimiento, y en su lugar, hacer espacio al misterio, la compasión y la esperanza. A continuación, se presentan algunas estrategias para acompañar, facilitar el procesamiento del trauma y fomentar la autoconciencia en el camino de recuperación.

El acompañamiento pastoral en medio de las crisis traumáticas

Como consejero y capellán, casi a diario mis visitas implican algún tipo de crisis. Estas situaciones varían en intensidad y características, dependiendo del momento en que ocurren, y especialmente de la fase aguda de la emergencia. A menudo, durante mis turnos de guardia, recibo llamados nocturnos que indican que alguien está atravesando un momento crítico: una pérdida repentina, un diagnóstico inesperado, una experiencia de trauma o desesperanza. En tales momentos, una de mis primeras tareas es evaluar la situación, explorando la gravedad del impacto, lo que me permite priorizar las necesidades pastorales y emocionales con mayor claridad.

Desde una perspectiva clínica, una crisis se define como *un evento que genera cambios y tensiones significativas que demandan atención inmediata y especializada*. Es una experiencia novedosa para quien la vive, y, por lo tanto, sobrepasa sus recursos emocionales, espirituales, sociales o económicos habituales para afrontarla.[158] En este sentido, la crisis no solo implica un desajuste temporal, sino una ruptura en la capacidad habitual de respuesta y contención. Esa ruptura exige la búsqueda de nuevas formas de funcionamiento, mejor adaptadas a la nueva situación creada por la crisis. La crisis se refiere a un estado de trastorno y

---

[158] Richard K. James and Gilliland E. Burl, *Crisis Intervention Strategies*. (Belmont: Thompson Brooks/ Cole 7th edition, 2017), 5.

desorganización caracterizado principalmente por la incapacidad del individuo o la familia para resolver angustias, y el potencial para generar resultados radicalmente positivos o negativos.[159]

Según Richard K. James y Burl E. Gilliland, las crisis pueden surgir a partir de múltiples factores:

- Problemas de salud mental no tratados, que incrementan la ansiedad, el estrés o la desorganización emocional.
- Eventos traumáticos o incidentes críticos, como actos de violencia o pérdidas repentinas.
- Situaciones donde los recursos personales o comunitarios disponibles resultan insuficientes para resolver el problema.
- Fallas en los sistemas de apoyo tradicionales (familia, amigos, iglesia, etc.), lo que deja al individuo aislado emocionalmente.
- Crisis metastásicas: cuando un evento aparentemente menor no es abordado a tiempo y se extiende, afectando otras áreas de la vida.
- Y de manera simbólica, recuerdan que el carácter chino para "crisis" combina los ideogramas de "peligro" y "oportunidad", revelando el potencial transformador que toda crisis encierra.

Otros factores que pueden intensificar o mitigar una crisis incluyen: la severidad del evento, la estructura familiar del individuo, su historial de experiencias traumáticas previas, y la disponibilidad de recursos espirituales, relacionales o psicológicos.

Frente a este escenario, el **acompañamiento pastoral en medio de la crisis** se convierte en una presencia terapéutica que escucha, consuela, orienta y sostiene. No se trata de resolver la crisis, sino de **caminar junto a la persona en su dolor**, ayudándole a narrar lo vivido, a reconectarse con sus fuentes de fe y sentido, y a identificar posibilidades de cuidado, apoyo y resiliencia.

---

[159] Maldonado E. Jorge, *Crisis, pérdidas, y consolación en la familia.* 13

En cada crisis es indispensable crear un proceso estructurado de intervención inmediata que revise la experiencia traumática (conocido como debriefing en inglés). Después de un evento crítico, traumático o de alto impacto emocional; este tipo de estructura ayuda a las personas a procesar lo sucedido, expresar emociones, identificar aprendizajes y promover el bienestar psicológico. El debriefing se utiliza después de eventos traumáticos para prevenir el impacto del estrés postraumático y facilitar la adaptación emocional. El proceso de intervención del trauma:

- Debe darse dentro de las primeras 72 horas. Después el proceso se hace más complicado.
- La intervención debe ser hecha por personal entrenado y capacitado.
- Si el personal no es entrenado, el proceso de "debriefing" se puede abordar inicialmente y luego referir a la persona a un especialista.

Una buena intervención inmediata:
1. **Favorece la expresión emocional:** Permite que las personas hablen sobre lo ocurrido, lo que ayuda a reducir la angustia y a prevenir la represión de emociones.
2. **Facilita la comprensión del evento:** Analizar lo sucedido permite darle sentido a la experiencia, reorganizar pensamientos y disminuir la confusión.
3. **Reduce el impacto del estrés postraumático:** Al abordar una situación difícil en un ambiente seguro y guiado, se pueden prevenir secuelas emocionales negativas.
4. **Fomenta el apoyo social:** El debriefing crea un espacio de acompañamiento donde las personas pueden compartir experiencias y sentirse respaldadas.
5. **Mejora la resiliencia y la recuperación:** Facilita la identificación de estrategias de afrontamiento, promoviendo el crecimiento personal tras la adversidad.

El debriefing es una herramienta clave en el manejo del trauma y el duelo, especialmente en comunidades afectadas por crisis, en entornos de salud y en el acompañamiento pastoral y psicológico.

Estrategias de acompañamiento en las crisis traumáticas

El acompañamiento pastoral en medio de una crisis traumática no busca ofrecer respuestas simplistas ni soluciones rápidas, sino crear un **espacio sagrado y seguro** donde la persona pueda expresar su dolor, ser escuchada sin juicio y descubrir señales de esperanza aun en medio de la oscuridad. Como afirma el teólogo Howard Stone: *"El acompañamiento pastoral consiste en estar presente en la oscuridad del otro, no para disiparla de inmediato, sino para compartirla hasta que surja la luz."*[160]

A partir de la experiencia clínica y el discernimiento espiritual, algunas estrategias fundamentales para el acompañamiento en momentos de crisis incluyen:

1. Ofrecer presencia empática

El simple hecho de estar allí —con atención plena, mirada compasiva y silencio respetuoso— puede ser profundamente sanador. La presencia pastoral no interrumpe ni interpreta prematuramente; más bien, **sostiene el dolor**, dando permiso para que se exprese con libertad.

2. Restaurar la agencia y el empoderamiento.

El trauma puede hacer que una persona se sienta impotente. Para recuperar el control sobre su vida, se pueden utilizar estrategias como:

---

[160] Howard H. Stone, *Crisis Counseling*. Third Edition (Creative Pastoral Care and Counseling) (Minneapolis: Fortress Press, 2001), 27.

- Toma de decisiones activas: Fomentar que la persona tome pequeñas decisiones cotidianas.
- Participación en acciones de justicia o ayuda comunitaria: Convertir el sufrimiento en una causa significativa puede ser sanador.
- Desarrollo de nuevas habilidades o proyectos: Aprender algo nuevo fortalece la autoestima y la resiliencia.

3. Validar emociones sin apresurar la esperanza

En la fase aguda de una crisis, las personas pueden experimentar confusión, ira, llanto, desesperanza o incluso silencio absoluto. Validar estas emociones es esencial: no se trata de controlar la emoción, sino de **darle un cauce seguro para que se exprese**. La esperanza llegará, pero no debe forzarse.

4. Escuchar activamente la historia del dolor

Ayudar a la persona a narrar lo ocurrido, en sus propias palabras, es vital para comenzar a integrar la experiencia traumática. A través de la narrativa, se inicia la reorganización emocional y espiritual. Algunas preguntas útiles incluyen:

- ¿Qué sucedió? (Ayuda a organizar los hechos en la mente de la persona).
- ¿Cómo te sentiste? (Permite nombrar emociones y comenzar el proceso de sanación).
- ¿Qué fue lo más difícil para ti? (Facilita la identificación del dolor más profundo).

El escuchar activamente con empatía es una de las intervenciones más importantes. Implica ponerse en el lugar del otro, percibiendo el mundo desde su perspectiva sin juzgar ni apresurar su proceso de recuperación.

1. La escucha empática crea un espacio seguro:

- Demuestra un interés genuino por la persona.
- Encuentra un lugar tranquilo donde pueda hablar sin interrupciones.
- Respeta el ritmo de la persona sin presionarla a compartir más de lo que desea.
- No critica, predica ni ofrece soluciones rápidas (*Proverbios 18:13*).
- Valida el dolor de la persona sin minimizar su sufrimiento (*Proverbios 20:5*).
- Mantiene la confidencialidad de lo que se comparte (*Proverbios 11:13; 20:19*).

2. La escucha empática genera presencia:

- Mantiene contacto visual (según la cultura).
- No se muestra impaciente o distraído.
- Usa expresiones de afirmación como "Mmm, sí".
- Parafrasea lo que escucha para confirmar comprensión.
- Permite que la persona tome pausas si está muy angustiada.
- Genera respuesta sin presionar.

5. Discernir señales de riesgo o descompensación

Desde un lente clínico, es importante estar atentos a signos de crisis grave: ideación suicida, desorientación extrema, pérdida del habla o del sentido de realidad. En esos casos, el acompañante debe activar redes de apoyo profesional y trabajar en colaboración con el equipo de salud mental o emergencias.

6. Reconectar con recursos espirituales

El acompañamiento pastoral también ayuda a la persona a **reconectarse con su fe**, sus prácticas espirituales, su comunidad de fe o redes de apoyo. Esto puede incluir la oración, lectura de textos bíblicos, momentos de silencio sagrado, o simplemente recordar experiencias pasadas de resiliencia. Muchas personas encuentran consuelo en prácticas espirituales o rituales simbólicos que les ayudan a integrar la experiencia traumática:

- Oración y meditación: Promueven calma y reflexión.
- Ceremonias de cierre o despedida: Simbolizan la liberación de una experiencia dolorosa.
- Prácticas de gratitud y significado: Reconocer aspectos positivos de la vida ayuda a fomentar una visión más equilibrada.

7. Construir un entorno seguro y de apoyo.

El trauma puede generar una sensación de inseguridad y aislamiento. Para restaurar la confianza, es importante:

- Crear redes de apoyo social: Participar en grupos comunitarios o de fe que proporcionen conexión y apoyo.
- Establecer rutinas predecibles: La estructura y la previsibilidad ayudan a reducir la ansiedad.
- Fomentar relaciones seguras: La compañía de familiares o amigos de confianza es clave en la recuperación.

8. Facilitar el proceso de reinterpretación

Con el tiempo, y con cuidado, se puede acompañar a la persona a **revisar la narrativa de la crisis a la luz de su fe.** Esto no significa justificar el sufrimiento, sino permitir que se resignifique desde la confianza en que Dios no ha abandonado, y que aun en medio de la herida puede surgir nueva vida.

La narración de la experiencia y reestructuración del significado ayuda a facilitar el proceso de reinterpretación. Compartir la historia del trauma en un espacio seguro puede ayudar a procesar la experiencia y reconstruir una narrativa de resiliencia. Algunas formas efectivas incluyen:

- Escritura expresiva: Mantener un diario sobre la experiencia traumática ayuda a organizar pensamientos y emociones.
- Historias de resiliencia: Compartir testimonios en comunidad puede generar sentido de pertenencia y validación.
- Arte terapia: Pintura, música o danza pueden permitir la expresión simbólica de emociones difíciles.

9. Proveer técnicas de regulación emocional y corporal.

El trauma afecta tanto a la mente como al cuerpo. Estrategias para restablecer la conexión corporal incluyen:

- Ejercicios de respiración diafragmática y mindfulness: Técnicas como la meditación y el escaneo corporal ayudan a reducir la hiperactivación.
- Yoga y movimiento consciente: Permiten recuperar la conexión con el cuerpo de manera segura.
- Ejercicio físico regular: Caminar, correr o bailar ayudan a liberar tensión acumulada.
- Actividades que fomentan la expresión y la conexión con el presente pueden ayudar en la recuperación del trauma.

El trauma impacta profundamente la vida de las personas, pero a través de intervenciones no clínicas basadas en el apoyo social, la expresión emocional, el autocuidado y la espiritualidad, es posible facilitar el proceso de recuperación. Cada individuo vive el trauma de manera única, por lo que es importante ofrecer opciones diversas que se ajusten a sus necesidades y creencias. El acompañamiento compasivo, la validación del dolor y la creación de espacios seguros son esenciales para ayudar a las personas a reconstruir su bienestar y resiliencia.

Actividad de grupo: "Estrategias espirituales y terapéuticas de acompañamiento para la Crisis"

> El acompañamiento en crisis es una vocación profundamente espiritual que implica entrar en el dolor del otro con reverencia, empatía y sabiduría. Henri Nouwen describe este ministerio como *"la tarea de estar junto a quien sufre sin pretender resolver su dolor, sino revelando que Dios está presente en medio de él"* (Nouwen, *The Wounded Healer*, 1972, p. 72).

Duración total: 2 horas

Contexto sugerido: Taller clínico-pastoral, jornada de formación para líderes, o retiro espiritual de cuidado pastoral

Objetivo: Explorar y practicar estrategias fundamentales para acompañar personas en crisis, integrando herramientas clínicas, discernimiento espiritual y reflexión grupal.

Materiales: Biblia o cuadernillos con textos bíblicos de lamento y consuelo (Salmo 13, 34, 42, Lamentaciones 3), papelógrafos, marcadores, post-its, tarjetas con preguntas guía, velas, mantas o cojines (para crear un ambiente acogedor), hojas y bolígrafos, café y pasabocas (para pausa comunitaria)

Estructura de la actividad sugerida:

1. Invocación y Enmarque Espiritual (15 min)
- Música suave o canto
- Lectura de Salmo 34:18
- Oración guiada: "Señor, haznos instrumentos de consuelo"

Facilitador explica el enfoque:

"Hoy nos enfocaremos en el camino del dolor humano para aprender a acompañar, no con soluciones rápidas, sino con presencia sagrada."

2. Dinámica Personal: Espejo de la Experiencia (15 min). Cada persona escribe en su cuaderno:
- ¿Cuándo fue la última vez que acompañaste o viviste una crisis?
- ¿Cómo reaccionaste emocional y espiritualmente?
- ¿Qué te ayudó y qué te bloqueó en ese momento?

Opcional: Compartir en parejas.

3. Taller de Estrategias: Ocho Caminos de Acompañamiento (45 min). Divide al grupo en 8 estaciones o subgrupos. Cada estación trabaja una de las siguientes estrategias:
1. Presencia empática
2. Restaurar la agencia
3. Validar emociones sin apresurar esperanza
4. Escuchar activamente la historia del dolor
5. Discernir señales de riesgo
6. Reconectar con recursos espirituales
7. Crear entornos seguros
8. Técnicas de regulación emocional/corporal

Instrucciones para los grupos:
- Leer una mini-historia o caso pastoral.
- Dialogar: ¿Cómo aplicarían esta estrategia? ¿Qué gesto o palabra concreta podrían usar?
- Representar su estrategia con una frase o símbolo.

4. Descanso (15 min) Café. Fomenta el descanso y contención.

5. Lectio Divina Pastoral con Salmo 13 *(20 min)*. Lectura orante en 4 pasos:
1. Lectura: Salmo 13 en voz alta
2. Meditación: ¿Qué palabra/frase te conmueve hoy?

3.   Oración: ¿Qué le dices a Dios desde esta palabra?
4.   Contemplación: ¿A quién estás llamado a acompañar?

6. Círculo de Escucha Final (10 min). Cada persona comparte una palabra o frase:
*   ¿Qué me llevo de este tiempo?
*   ¿Qué me inspira a acompañar mejor?

Facilitador(a) cierra con una oración de envío pastoral.

CAPÍTULO 9

Una Introducción a La Atención Informada Sobre el Trauma

"La Atención Informada del Trauma reconoce que muchas personas han experimentado heridas invisibles que afectan su comportamiento, relaciones y bienestar, por lo que el cuidado debe ofrecerse desde la comprensión, la seguridad y la empatía."[161]

¿Por qué hablar de la atención informada del trauma? Abordar el tema del trauma es esencial porque este enfoque proporciona una perspectiva integral y práctica para comprender, responder y apoyar a las personas que han vivido experiencias traumáticas. La atención informada por el trauma es relevante para la comunidad cristiana porque refleja los valores centrales del evangelio: la compasión, la restauración y el cuidado de los vulnerables. Este enfoque permite que las iglesias y comunidades de fe ofrezcan apoyo holístico a quienes han experimentado dolor y sufrimiento, ayudándolos en su camino hacia la sanidad.

Como capellán pastoral clínico, frecuentemente acompaño a personas que enfrentan el dolor derivado del trauma. Durante mis estudios de doctorado, desarrollé un proyecto enfocado en equipar a congregaciones Hispanas/Latinas para convertirse en comunidades de sanación que apoyen a las personas en su recuperación de la pérdida y el trauma de manera saludable.[162] El proyecto incluyó cinco talleres

---

[161] — *Frase adaptada de Substance Abuse and Mental Health Services Administration (SAMHSA, 2014)*

[162] Reales, Santiago. *"Grief and Trauma: A Framework for Equipping the Hispanic/Latino Churches as a Healing Community in the Cooperative Baptist Fellowship of North Carolina."* Doctor of Ministry Project, School of Divinity, Gardner-Webb University, 2023.

realizados durante cuatro semanas, en los que los participantes exploraron historias de dolor y trauma del Antiguo y Nuevo Testamento junto con teorías contemporáneas sobre duelo y trauma. Cada sesión integró principios bíblicos con mejores prácticas en salud mental, proporcionando herramientas para manejar el dolor y el trauma desde una perspectiva emocional, bíblica y cognitiva.

Un objetivo clave fue evaluar si el aprendizaje y la experiencia grupal impactaban los niveles de estrés de los participantes (Lideres y ministros). Mi hipótesis sostenía que una comprensión más profunda del duelo y el trauma ayudaría a los participantes no solo a manejar su propio dolor, sino también a acompañar a otros en circunstancias similares.

Hallazgos Principales[163]

Los resultados mostraron que los participantes lograron una mejor comprensión de los efectos del duelo y el trauma no procesados y desarrollaron mayor confianza en su capacidad para enfrentarlos. Sin embargo, los datos revelaron respuestas variadas en cuanto a los niveles de estrés:

- El 50% de los participantes experimentó un aumento en sus niveles de estrés.
- El 25% mantuvo los mismos niveles de estrés.
- El 25% mostró una reducción en sus niveles de estrés.

Estas diferencias reflejan la complejidad del impacto emocional del duelo y el trauma. Como parte de las recomendaciones, se alentó a los participantes a buscar orientación profesional en salud mental para manejar y reducir eficazmente sus niveles de estrés.

También, el proyecto utilizó instrumentos de medición (herramientas) como el Brief Grief Questionnaire (BGQ)[164] y el Trauma Symptom

---

[163] Durante el entrenamiento se utilizó el Análisis de la Escala de Estrés Percibido (PSS-14) al inicio y al final del todo el entrenamiento.

[164] BGQ was developed by M. Katherine Shear MD and Susan Essock PhD.

Checklist-40 (TSC-40)[165] para explorar los sentimientos inconscientes de los participantes:

Resultados del BGQ (Cuestionario de Duelo Breve):
- Un 25% mostró signos de duelo complicado.
- Un 12,5% no presentó signos de duelo.
- Un 62,5% experimentó síntomas de duelo.

Estos hallazgos subrayan la importancia de reconocer y tratar el duelo complicado, ya que puede afectar significativamente el funcionamiento diario si no se aborda.

Resultados del TSC-40 (Lista de Verificación de Síntomas de Trauma):
Este instrumento evaluó seis áreas específicas: ansiedad, depresión, disociación, índice de trauma por abuso sexual, problemas sexuales y trastornos del sueño. Los resultados indicaron que todos los participantes habían experimentado algún tipo de trauma, ya fuera en la infancia o en la edad adulta.

El proyecto destacó la necesidad de que las personas interesadas en apoyar a otros también enfrenten y procesen sus propios traumas antes de ayudar de manera efectiva. Las herramientas de autoinforme no solo revelaron experiencias traumáticas ocultas, sino que también proporcionaron un espacio valioso para la autorreflexión, permitiendo a los participantes descubrir aspectos no reconocidos de su duelo y trauma.

Aunque las experiencias y respuestas al estrés variaron, el proceso permitió a los participantes reflexionar profundamente sobre su propio dolor y desarrollar habilidades esenciales para acompañar a otros. Estos resultados refuerzan la importancia de formar comunidades sensibles e informadas en el manejo del duelo y el trauma, promoviendo la sanación y la resiliencia colectiva. Por consiguiente, la atención del trauma informada

---

[165] Elliot, D. M. & Briere, J. (1992). Sexual abuse trauma among professional women: Validating the Trauma Symptom Checklist - 40 (TSC-40). *Child Abuse & Neglect, 16,* 391-398.

debe ser un medio relevante para ayudar a las congregaciones a tener una mejor autoconciencia de los efectos del trauma en la congregación.

El trauma, especialmente cuando se experimenta en la infancia, puede tener efectos profundos y duraderos en la salud física, emocional y mental de una persona. El estudio de las Experiencias Adversas en la Infancia (ACE, por sus siglas en inglés) ha revelado que dichas experiencias están asociadas con un mayor riesgo de problemas de salud a lo largo de la vida. Sin embargo, es importante destacar que estos resultados no son absolutos y varían según el individuo, influenciados por factores protectores como relaciones positivas, hábitos de vida saludables y apoyo comunitario.

Adoptar un enfoque informado sobre el trauma permite a programas, organizaciones y comunidades de fe reconocer el impacto del trauma, identificar sus signos y síntomas, responder de manera adecuada e integrar este conocimiento en sus políticas y prácticas. Este enfoque no solo promueve entornos seguros y de apoyo, sino que también ayuda a prevenir la reactivación del trauma, favoreciendo la recuperación y la resiliencia.

En esta introducción, exploraremos la relación entre el estudio ACE y la Atención Informada sobre el Trauma, destacando cómo este enfoque puede ser especialmente relevante y beneficioso para la comunidad cristiana.

¿Qué es la Atención Informada Sobre el Trauma?

El concepto de atención informada del trauma (Trauma-Informed Care) comenzó a desarrollarse en los Estados Unidos durante la década de 1990, como respuesta a la creciente comprensión del impacto generalizado del trauma en la salud física, mental y social de las personas. Su origen se atribuye principalmente al trabajo colaborativo de investigadores, profesionales de la salud y líderes comunitarios que buscaban mejorar la calidad del cuidado para personas afectadas por el trauma.

La atención informada sobre el trauma es un enfoque de atención que reconoce, comprende y responde a los efectos del trauma en las personas. Este enfoque busca crear un ambiente seguro, de apoyo y sin juicio, teniendo en cuenta cómo las experiencias traumáticas pueden afectar la salud física, mental y emocional de quienes reciben atención. La atención informada sobre el trauma requiere que toda persona que provea atención esté capacitada para ser consciente del trauma y evitar procesos y prácticas que puedan volver a traumatizar a los sobrevivientes.[166]

La atención informada sobre el trauma es un marco basado en las fortalezas que[167]:

[166] Trauma-informed, *"Trauma-Informed Care"* in https://www.traumapolicy.org/topics/trauma-informed-care.

[167] Hopper, E. K., Bassuk, E. L., & Olivet, J. (2010). *Shelter from the storm: Trauma-informed care in homelessness services settings*. The Open Health Services and Policy Journal, 3, 80-100.

1. Se basa en la comprensión y la capacidad de respuesta del impacto del trauma.

2. Hace hincapié en la seguridad física, psicológica y emocional tanto para los proveedores como para los supervivientes.

3. Construye relaciones basadas en la honestidad y el respeto.

4. Involucra a las personas en la toma de decisiones y en su proceso de cuidado.

5. Crea sensibilidad cultural, asegurando que el cuidado respete la diversidad cultural y las experiencias únicas de cada individuo.

6. Crea oportunidades para que los supervivientes reconstruyan un sentido de control y empoderamiento.

El cuidado informado sobre el trauma no se centra únicamente en tratar los síntomas, sino en entender el impacto subyacente del trauma, promoviendo la recuperación y evitando la reactivación de las heridas emocionales. Se aplica en diversos contextos, como la salud, la educación, el trabajo social y el sistema de justicia.

El cuidado informado sobre el trauma está profundamente relacionado con el estudio de Experiencias Adversas en la Niñez (ACE, por sus siglas en inglés), ya que este estudio proporciona la base científica que evidencia cómo las experiencias traumáticas tempranas impactan la salud y el bienestar a lo largo de la vida. El Estudio ACE, liderado por el Dr.

Vincent Felitti junto al Dr. Robert Anda, mostró una conexión clara entre el trauma infantil (como abuso, negligencia y disfunción familiar) y problemas de salud física, mental y social en la adultez, como enfermedades crónicas, adicciones, trastornos de salud mental y comportamientos de riesgo.[168] El estudio incluyó a más de 17,000 personas a quienes se les preguntó si habían experimentado alguno de los 10 tipos de abuso o negligencia antes de los 18 años. Estas preguntas, conocidas como el Cuestionario ACE, identifican eventos adversos en la infancia. Por cada respuesta afirmativa, se asignaba un punto, generando una puntuación total de entre 0 y 10. Abajo hay una muestra del cuestionario ACE.

Felitti y Anda encontraron que, a mayor puntuación en el Cuestionario ACE, mayor era la probabilidad de desarrollar problemas de salud física y mental. Las personas que habían enfrentado adversidades infantiles mostraron una mayor incidencia de enfermedades como diabetes, enfermedades cardíacas y de transmisión sexual. Además, eran más propensas a presentar problemas emocionales como la depresión, intentos de suicidio y abuso de sustancias. Estos hallazgos subrayan la relación entre experiencias adversas en la infancia y riesgos significativos para la salud en la vida adulta.

Esta investigación ha transformado el entendimiento del trauma en muchas disciplinas, fomentando la implementación de la atención del informada sobre el trauma. (Figura 9.1)

---

[168] La destacada investigación del Dr. Vincent Felitti se centra en cómo las experiencias adversas en la niñez impactan la salud física y mental en la adultez, convirtiéndose en un referente global en programas de reducción de riesgos para la salud. Como coinvestigador principal del Estudio de Experiencias Adversas en la Niñez (ACE, por sus siglas en inglés), junto al Dr. Robert Anda de los CDC desde 1990, el Dr. Felitti lideró un análisis exhaustivo de más de 17,000 adultos. Este estudio reveló una conexión profunda entre las experiencias emocionales infantiles y la salud integral en la adultez. Su investigación pionera sigue siendo clave en los modelos de atención médica actuales e inspira la creación de grupos de trabajo ACE en diversas regiones de los EE. UU., Canadá, Europa, Asia, y América Latina.

Cuestionario de Experiencias Adversas en la Niñez

Adverse Childhood Experience Questionnaire (ACE)

<u>Antes de cumplir 18 años:</u>

1. Alguno de sus padres u otros adultos en su casa **con frecuencia o con mucha frecuencia...**
¿Lo ofendían, lo insultaban, lo menospreciaban, o lo humillaban? o
¿Actuaban de tal forma que temía que lo fueran a lastimar físicamente? Si ___, No___

2. Alguno de sus padres u otros adultos en su casa **con frecuencia o con mucha frecuencia...**
¿Lo empujaban, lo jalaban, lo cacheteaban, o le aventaban cosas? O ¿**Alguna vez** lo golpearon con tanta fuerza que le dejaron marcas o lo lastimaron? Si ___, No___

3. Algún adulto o alguna otra persona cuando menos 5 años mayor que usted **alguna vez...**
¿Lo tocó o acarició indebidamente o le pidió´ que usted lo tocara de alguna forma sexual? o
¿Intentó tener relaciones sexuales orales, anales o vaginales con usted? Si ___, No___

4. Se sentia usted **con frecuencia o con mucha frecuencia** que... ¿Nadie en su familia lo quería o pensaba que usted era especial o importante? o ¿En su familia no se cuidaban unos a los otros, no sentían que tenían una relación cercana, o no se apoyaban unos a los otros? Si ___, No___

5. Se sentia usted con **frecuencia o con mucha frecuencia** que... ¿No tenía sufiente comida, tenía que usar ropa sucia, o no tenía nadie que lo protegiera? o ¿Sus padres estaban demasiado borrachos o drogados para cuidarlo o llevarlo al médico si es que lo necesitaba? Si ___, No___

6. Alguna vez perdió´ un padre o una madre biológico(a) debido a divorcio, abandono, ¿o alguna otra razón? Si ___, No___

7. A su madre o madrastra: Con **frecuencia o con mucha frecuencia** la empujaban, jalaban, golpeaban, ¿o le aventaban cosas? O A veces, con **frecuencia, o con mucha frecuencia** le pegaban, la mordían, la daban puñetazos, o la golpeaban con algún objeto duro? ¿O Alguna vez la golpearon durante varios minutos seguidos o la amenazaron con una pistola o un cuchillo? Si ___, No___

8. Vivió usted con alguien que era borracho o alcohólico, o que usaba drogas? Si ___, No___

9. ¿Algún miembro de su familia sufría de depresión o enfermedad mental, o alguien en su familia trató de suicidarse? Si ___, No___

10. Algún miembro de su familia fué a la cárcel? Si ___, No___

Ahora sume las respuestas en que anoto "SI." _____
Esta es su Puntuación de Experiencias Infantiles Adversas (ACE)

Cuestionario ACE- Figura 9.1

Es importante entender que muchos de los traumas suceden durante la niñez. Por lo tanto, es necesario entender como han sido los primeros años de los individuos que padecen problemas de salud mental. Por lo tanto el estudio ACE fue un gran avance para lograr comprender la conexión entre el estrés, el trauma y la salud infantil. Este estudio les preguntaba a los pacientes si, cuando eran niños, experimentaron abuso físico, sexual o emocional, o negligencia.[169]

El siguiente gráfico ilustra cómo las ACE pueden progresar hacia resultados deficientes para la salud.

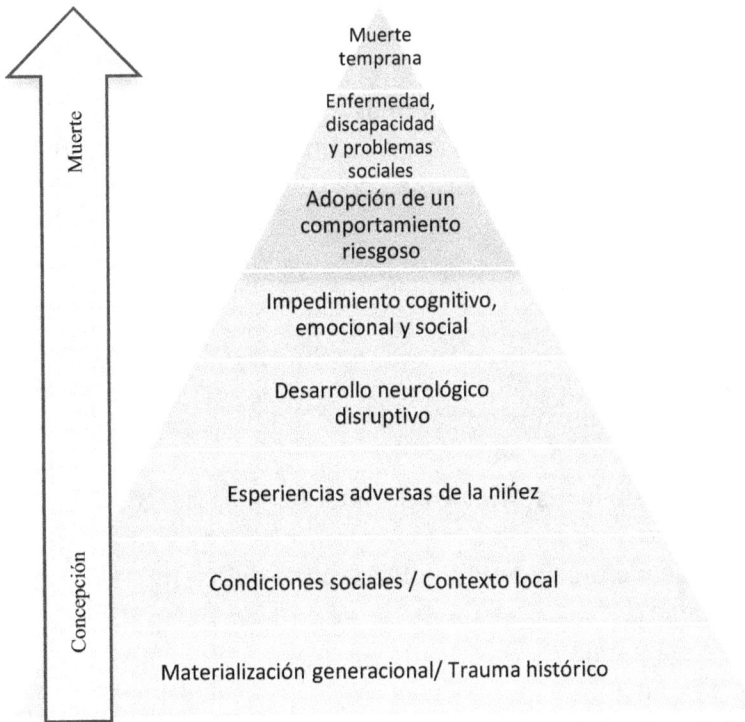

Mecanismo por el cual las experiencias adversas de la niñez influyen en la salud y bienestar a lo largo de la vida

Correlaciones ACE - Figura 9.2

[169] Camila Pulgar and Santiago Reales, *Caring for Trauma in the Church: What Can the Church Can Do?* Workshop facilitated at the Annual Gathering 2023 of Cooperative Baptist Fellowship of North Carolina.

Correlaciones ACE:

Cuantas más indicadores de ACE se presenten en la historia de una persona, más probabilidades tendrán de participar en comportamientos de riesgo, incluyendo:

- Fumar (y fumar temprano)
- Consumo de alcohol o drogas ilícitas
- Actividad sexual temprana
- Actividad sexual con múltiples parejas
- Cuantos más ACE haya en la historia de una persona, más corren el riesgo de desarrollar problemas médicos, incluyendo:
- Alcoholismo
- Depresión
- Enfermedades cardíacas
- Enfermedad hepática
- Enfermedades pulmonares
- Enfermedades de transmisión sexual

Cuantos más ACE haya en la historia de una persona, más riesgo corren de obtener estos resultados:

- Desempeño académico y rendimiento laboral deficientes
- Estrés financiero
- Violencia en la pareja
- Violencia sexual
- Embarazos no deseados
- Muerte fetal
- Intentos de suicidio
- Muerte prematura

El estudio de las ACE reveló que las experiencias adversas durante la infancia están asociadas con un mayor riesgo de problemas de salud, aunque no determinan de manera absoluta estos resultados. Es crucial comprender que los efectos del trauma varían según el individuo y están influenciados por numerosos factores. Elementos protectores como relaciones positivas, hábitos de vida saludables, apoyo comunitario sólido y aspectos genéticos pueden ayudar a mitigar los efectos negativos.

A lo largo de nuestra existencia, es común preguntarnos cómo se originan nuestras emociones y cómo se almacenan los recuerdos. Una de las áreas clave del cerebro involucrada en estos procesos es el sistema límbico, que incluye estructuras como la amígdala (Figura 9.3). Este sistema ha sido ampliamente investigado por su rol central en la vida emocional humana. Su influencia abarca desde la regulación de las emociones hasta la conducta, la memoria y la motivación. En muchos sentidos, actúa como un centro de integración que nos permite interpretar y responder a situaciones difíciles o traumáticas. En las siguientes secciones, nos adentraremos en el funcionamiento básico del cerebro y cómo este influye en nuestra vida diaria.

Entendiendo el cerebro para acompañar mejor

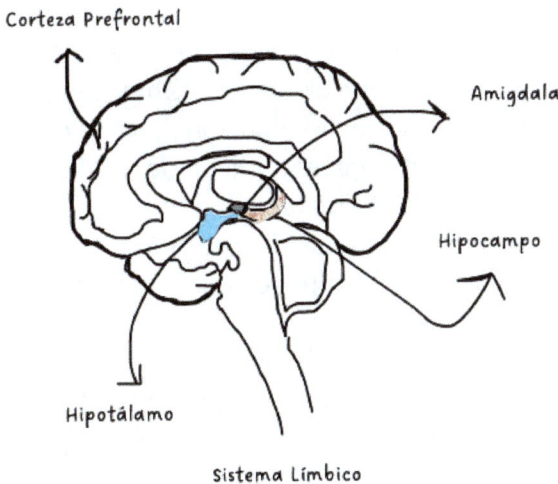

Corteza Prefrontal

Amígdala

Hipocampo

Hipotálamo

Sistema Límbico

Se ha enfatizado que el trauma, especialmente cuando se experimenta durante las etapas tempranas de la vida, tiene un impacto profundo en el desarrollo y funcionamiento del cerebro humano. Investigaciones en neurociencia han demostrado que las experiencias traumáticas pueden alterar significativamente la estructura y la función cerebral, afectando diversas áreas responsables del procesamiento emocional, la regulación del estrés y la respuesta adaptativa al entorno.

Uno de los principales efectos del trauma en el cerebro es la alteración del eje hipotálamo-hipófisis-adrenal (HHA), el sistema encargado de regular la respuesta al estrés. La exposición prolongada a eventos adversos puede llevar a una hiperactivación de este eje, resultando en niveles elevados y crónicos de cortisol, la hormona del estrés. Esta disfunción no solo predispone a la ansiedad y la depresión, sino que también puede contribuir a problemas físicos como enfermedades cardiovasculares, trastornos inmunológicos y dificultades en el metabolismo.

Además, estudios han evidenciado que el trauma puede impactar estructuras cerebrales clave, como la amígdala, el hipocampo y la corteza prefrontal. La amígdala, que juega un papel central en la detección del peligro y la regulación del miedo, tiende a volverse hiperreactiva en personas que han sufrido trauma, lo que puede llevar a respuestas exageradas ante situaciones de estrés. Por otro lado, el hipocampo, una región crucial para la memoria y la regulación emocional, suele reducirse en tamaño, afectando la capacidad de procesar recuerdos y diferenciar entre amenazas reales e imaginarias. Asimismo, la corteza prefrontal, responsable del control ejecutivo y la toma de decisiones, puede ver disminuida su actividad, lo que dificulta la autorregulación emocional y la resolución de problemas.

Estas alteraciones no solo influyen en el bienestar psicológico, sino también en la salud física, debido a la estrecha conexión entre el cerebro y otros sistemas corporales. Por ejemplo, la inflamación crónica, que se ha vinculado con el trauma, puede contribuir al desarrollo de enfermedades autoinmunes y trastornos metabólicos.

Comprender cómo el trauma afecta el cerebro es fundamental para diseñar estrategias de intervención que promuevan la sanación y la recuperación. Enfoques como la terapia cognitivo-conductual, la terapia basada en la atención plena (mindfulness) y el uso de intervenciones somáticas han demostrado ser eficaces para ayudar a las personas a regular su respuesta al estrés y restablecer un equilibrio neurobiológico saludable. Además, prácticas como el ejercicio, la meditación y el apoyo comunitario pueden desempeñar un papel crucial en la resiliencia y el bienestar a largo plazo.

Este conocimiento no solo es esencial para los profesionales de la salud mental, sino también para educadores, líderes comunitarios y cualquier persona que trabaje con poblaciones vulnerables, ya que permite generar entornos más seguros y comprensivos para aquellos que han vivido experiencias traumáticas. El cerebro es fundamental para abordar sus consecuencias y desarrollar enfoques efectivos para la sanación y recuperación.

La Amígdala y su papel en la respuesta al trauma

La amígdala es una estructura clave dentro del sistema neuronal, ampliamente conocida por su papel en la respuesta de **"lucha, huida o inmovilización"** ante estímulos percibidos como amenazantes o temerosos. Aunque se asocia principalmente con el miedo y el estrés, también desempeña una función esencial en la memoria y el procesamiento emocional.

Cuando la amígdala detecta una coincidencia entre un estímulo presente y experiencias almacenadas en el hipocampo, evalúa si la situación requiere una respuesta de lucha, huida o inmovilización. En caso de percibir una amenaza, activa el eje hipotalámico-pituitario-suprarrenal (HPA), desencadenando la liberación de hormonas del estrés, como el cortisol y la adrenalina. Este proceso "secuestra" el cerebro racional al inhibir la corteza prefrontal, dificultando la toma de decisiones lógicas y aumentando las respuestas impulsivas relacionadas con el miedo o la ira.

Las experiencias traumáticas pueden inducir cambios estructurales y funcionales en la amígdala, haciendo que se vuelva hiperreactiva, lo que significa que puede detectar peligro incluso en situaciones seguras. Paralelamente, el trauma también afecta la corteza prefrontal, reduciendo su capacidad para regular las respuestas emocionales exageradas de la amígdala. Esta disfunción en la interacción amígdala-prefrontal puede generar déficits en el procesamiento emocional, contribuyendo a síntomas como la ansiedad, la hipervigilancia y las respuestas de pánico en los sobrevivientes del trauma. Comprender estos efectos es crucial para diseñar estrategias de intervención que ayuden a regular la actividad de la amígdala y restaurar un equilibrio saludable en el cerebro de las personas afectadas por el trauma.

El Hipocampo

El hipocampo es una estructura cerebral compleja incrustada profundamente en el lóbulo. El hipocampo es una estructura cerebral compleja ubicada en el lóbulo temporal, desempeñando un papel fundamental en el aprendizaje y la memoria. Su naturaleza plástica lo hace altamente adaptable, pero también lo vuelve vulnerable a diversas formas de daño, incluyendo el estrés crónico y el trauma.

Numerosos estudios han demostrado que el hipocampo se ve afectado en distintos trastornos neurológicos y psiquiátricos. En el caso del trauma, su impacto puede alterar la capacidad de los sobrevivientes para recordar ciertos eventos, provocando lagunas en la memoria o dificultades para acceder a recuerdos específicos. Por otro lado, algunas experiencias traumáticas pueden volverse extremadamente vívidas y persistir de manera intrusiva en la mente de quienes las han vivido.

Además, los entornos que evocan el trauma, incluso a través de pequeños estímulos, pueden generar respuestas intensas de miedo, estrés y pánico. Esta hipersensibilidad a los desencadenantes está relacionada con la interacción entre el hipocampo, la amígdala y la corteza prefrontal, regiones clave en la regulación emocional y la respuesta al estrés.
El hipocampo es especialmente vulnerable al maltrato en los primeros 2-3 años de vida, una etapa crítica para el desarrollo cerebral. Su correcto funcionamiento es esencial para:
- Controlar las reacciones emocionales

- Construir la memoria verbal
- Construir la memoria espacial

Dado su papel en la integración de recuerdos y emociones, comprender los efectos del trauma en el hipocampo es clave para desarrollar estrategias de intervención que promuevan la recuperación y la resiliencia en los sobrevivientes.

La Corteza Prefrontal y su Vulnerabilidad al Trauma

La corteza prefrontal (PFC) es una de las regiones más evolucionadas del cerebro y juega un papel fundamental en la regulación del pensamiento, las emociones y la conducta. Es responsable de funciones clave como la toma de decisiones, el autocontrol, la memoria de trabajo y la planificación a largo plazo. A través de su conexión con otras áreas del cerebro, la corteza prefrontal permite evaluar situaciones, suprimir respuestas impulsivas y regular emociones de manera adecuada.

Sin embargo, esta estructura es altamente vulnerable al trauma, especialmente durante el desarrollo infantil y la adolescencia. Las experiencias adversas pueden alterar su maduración y afectar su capacidad para ejercer un control adecuado sobre el comportamiento y las emociones.

Factores que Afectan la Corteza Prefrontal

Diversos estudios han demostrado que el trauma en diferentes etapas del desarrollo puede impactar distintas funciones de la corteza prefrontal:

- Trauma en los primeros años de vida: Puede afectar la maduración de la corteza prefrontal, dificultando la regulación emocional y aumentando la impulsividad y la reactividad al estrés.
- Exposición a la violencia doméstica en la infancia: Impacta tanto la corteza prefrontal como la corteza visual, afectando la capacidad de procesamiento de información y aumentando la hiperactividad en la respuesta al miedo.

- Abuso sexual en la adolescencia (15-16 años): Puede comprometer la función ejecutiva, afectando la toma de decisiones, la planificación y el control de impulsos.

Funciones Claves de la Corteza Prefrontal

La corteza prefrontal desempeña múltiples funciones esenciales para el desarrollo cognitivo y emocional, entre ellas:
- Pensamiento y juicio: Evaluación racional de situaciones y toma de decisiones.
- Función ejecutiva: Control de impulsos, planificación, organización y solución de problemas.
- Memoria a largo plazo: Integración de información y aprendizaje basado en experiencias.
- Procesamiento de la visión: Interpretación de estímulos visuales en contexto.

Impacto del Estrés Tóxico en el Desarrollo Cerebral

El estrés tóxico en la infancia —prolongado y sin la mediación de un adulto protector— puede provocar cambios estructurales y funcionales en la corteza prefrontal, con consecuencias a largo plazo en:
- Aprendizaje y razonamiento: Dificultades en el procesamiento cognitivo y la retención de información.
- Función ejecutiva y control de impulsos: Mayor impulsividad y dificultad para planificar acciones.
- Capacidad para interpretar señales sociales: Problemas para leer expresiones faciales o intenciones de los demás.
- Lenguaje y habilidades matemáticas: Retrasos en el desarrollo del lenguaje y dificultad en el cálculo matemático.
- Respuestas de lucha, huida o inmovilización: Mayor reactividad ante el estrés o situaciones desafiantes.

- Regulación del sistema inmunológico y percepción del dolor: Mayor vulnerabilidad a enfermedades autoinmunes e hipersensibilidad al dolor.
- Inflamación y cambios en la función corporal: Alteraciones metabólicas y hormonales relacionadas con el estrés.
- Salud mental y respuestas al trauma: Mayor riesgo de ansiedad, depresión y trastorno de estrés postraumático (TEPT).
- Capacidad de afrontamiento y resiliencia: Dificultades para manejar la adversidad de manera efectiva.

Reversibilidad y Estrategias de Intervención

Aunque el trauma durante la infancia puede generar cambios profundos en la corteza prefrontal, el cerebro tiene una capacidad notable de neuroplasticidad, lo que significa que puede adaptarse y recuperarse con las intervenciones adecuadas.

Algunas estrategias que pueden ayudar a fortalecer la función de la corteza prefrontal incluyen:

1. Terapia cognitivo-conductual (TCC): Ayuda a modificar patrones de pensamiento disfuncionales y mejorar la regulación emocional.
2. Mindfulness y meditación: Favorecen la conexión con el presente y reducen la reactividad al estrés.
3. Ejercicio físico: Promueve la producción de factores neurotróficos que favorecen la recuperación neuronal.
4. Relaciones de apoyo: La presencia de adultos seguros y afectivos puede mitigar el impacto del trauma en el desarrollo cerebral.
5. Prácticas artísticas y expresivas: La música, el arte y la escritura pueden facilitar la integración emocional y la resiliencia.

La corteza prefrontal es una región clave en la regulación del pensamiento, la conducta y las emociones, pero es altamente vulnerable al trauma infantil. Las experiencias adversas pueden alterar su desarrollo y afectar múltiples áreas del funcionamiento cognitivo y emocional. Sin embargo, gracias a la neuroplasticidad, existen estrategias efectivas que pueden ayudar a fortalecer esta área del cerebro, promoviendo la sanación y el bienestar a largo plazo.

¿Qué significa para las comunidades de fe el adoptar un enfoque informado sobre el trauma?

El trauma es una experiencia profundamente impactante que puede afectar a personas, comunidades e incluso sistemas en su conjunto. Comprender y abordar el trauma de manera intencional es esencial para promover la sanación, la resiliencia y un entorno de apoyo. Esto es especialmente relevante para programas, organizaciones y comunidades de fe que interactúan regularmente con individuos en situaciones vulnerables. A continuación, se detallan los pilares fundamentales de lo que significa adoptar un enfoque informado sobre el trauma y cómo este puede transformar la forma en que se presta cuidado y apoyo a quienes más lo necesitan.

Un programa, organización o comunidad de fe que incorpora un enfoque informado sobre el trauma asume un compromiso profundo con la comprensión y el cuidado. Este enfoque incluye:

- Reconocer el impacto extendido del trauma y comprender las diversas rutas hacia la recuperación.
- Identificar los signos y síntomas del trauma en todas las personas involucradas, desde clientes y familias hasta el personal y colaboradores.
- Responder de manera proactiva, integrando el conocimiento del trauma en cada aspecto de sus políticas, procedimientos y prácticas.
- Priorizar la prevención de la reactivación del trauma, creando ambientes seguros, acogedores y de apoyo para todos.

Este enfoque asegura un acompañamiento sensible y efectivo que promueve la sanación y el bienestar integral.

La contribución del ACE (Experiencias Adversas en la Infancia) y Atención Informada del Trauma para la comunidad cristiana.

El enfoque ACE y la atención informada por el trauma representan herramientas fundamentales para comprender y abordar los efectos del trauma en individuos y comunidades. Estas perspectivas no solo proporcionan un marco basado en la ciencia para identificar, prevenir y tratar el trauma, sino que también resuenan profundamente con los valores y principios de la fe cristiana. La integración de estas metodologías permite a las comunidades cristianas alcanzar los siguientes propósitos:

1. Conciencia del impacto del trauma: El ACE subraya que las experiencias adversas en la niñez no solo afectan la mente, sino también el cuerpo, lo que informa cómo los proveedores de cuidado entienden el comportamiento y las necesidades de las personas.

2. Prevención y reducción de riesgos: El enfoque ACE destaca la importancia de identificar y mitigar los efectos del trauma en etapas tempranas. El cuidado del trauma informado utiliza esta comprensión para prevenir la reactivación del trauma en contextos de atención.

3. Diseño de intervenciones efectivas: Los hallazgos del ACE guían a los profesionales a adaptar sus intervenciones para abordar no solo los síntomas, sino también las raíces traumáticas de los problemas, promoviendo la resiliencia y la recuperación.

Relevancia de la atención informada por el trauma en la comunidad de fe

Es importante entender que las congregaciones de fe juegan un papel importante en el contexto de la comunidad local. Por lo tanto, el rol de la iglesia debe respaldar principios teológicos que:

1. Reflejen el amor y la compasión de Cristo. La atención informada por el trauma permite a las comunidades cristianas encarnar el amor de Cristo hacia los heridos y marginados. Jesús mostró empatía y cuidado hacia los quebrantados, como se ve en Mateo:

"Vengan a mí todos ustedes que están cansados y agobiados, y yo les daré descanso." (Mateo 11:28, NVI)

2. Afirmen la dignidad de cada persona. La Biblia enseña que cada ser humano es creado a imagen de Dios:

"Y Dios creó al ser humano a su imagen;" (Gen 1:27, NVI)

Por lo tanto, el ser humano merece ser tratado con respeto y dignidad. La atención informada por el trauma ayuda a las iglesias a ver a las personas más allá de sus heridas o comportamientos, reconociendo su valor inherente.

1. **Promuevan la sanidad integral.** Jesús no solo sanaba el cuerpo, sino también el corazón y el espíritu. En Lucas 4:18, Él declara:

   "El Espíritu del Señor está sobre mí, por cuanto me ha ungido para anunciar buenas nuevas a los pobres. Me ha enviado a proclamar libertad a los cautivos y dar vista a los ciegos, a poner en libertad a los oprimidos." (NVI).

   El cuidado informado del trauma sigue este modelo al abordar las heridas emocionales, físicas y espirituales de manera integral.

2. **Prevengan el daño adicional (retraumatización).** El trauma puede ser exacerbado cuando no se maneja con sensibilidad. Proverbios 18:21 nos recuerda: *"En la lengua hay poder de vida y muerte." (NVI).*

   La atención informada por el trauma ayuda a las comunidades cristianas a evitar palabras o acciones que puedan causar daño adicional, promoviendo un ambiente seguro para la sanación.

5. Respondan al llamado de cuidar al prójimo. El cuidado informado por el trauma es una forma tangible de vivir el mandamiento de amar al prójimo (Mateo 22:39). Ayudar a los heridos a sanar es una expresión práctica de ese amor. *"Ama a tu prójimo como a ti mismo"* (NVI)

6. Construyan comunidades de esperanza y restauración. La atención informada por el trauma fomenta relaciones saludables y entornos de apoyo, alineándose con Hebreos 10:24-25:

> *"Preocupémonos los unos por los otros, a fin de estimularnos al amor y a las buenas obras. No dejemos de congregarnos, como algunos tienen por costumbre, sino animémonos unos a otros."* (NVI)

7. Reconozcan el poder de la resiliencia y la redención. El trauma no tiene la última palabra. La Biblia está llena de historias de personas que enfrentaron adversidades extremas, pero encontraron redención y propósito en Dios, como José (Génesis 50:20) o el apóstol Pablo (2 Corintios 4:8-9). La atención informada por el trauma refleja esta esperanza al ayudar a las personas a reconstruir sus vidas.

La experiencia traumática de José, narrada en el Génesis, no está distante de los indicadores del ACE. Desde su rechazo familiar, cuando sus propios hermanos conspiran contra él por envidia y lo venden como esclavo, hasta su aislamiento y sufrimiento en tierra extranjera, José experimenta múltiples eventos adversos que se alinean con factores de trauma infantil identificados por el ACE, como la disfunción familiar, el abuso emocional y la pérdida de apoyo social. Estos eventos no solo marcaron su desarrollo emocional, sino que también modelaron su resiliencia, permitiéndole convertir su dolor en propósito, una narrativa que sigue resonando en el contexto contemporáneo de la sanación y la superación del trauma.

Actividad de grupo 1: "Conectando el Cerebro y el Acompañamiento Pastoral"

Duración estimada: 45–60 minutos

Objetivo: Ayudar a los participantes a comprender las funciones del cerebro (amígdala, hipocampo y corteza prefrontal) y su relación con el trauma, vinculándolo con prácticas de acompañamiento sensibles y compasivas.

Materiales: Tres hojas grandes (papelógrafos), una para cada parte del cerebro: amígdala, hipocampo, corteza Prefrontal, rotuladores o marcadores, tarjetas con frases o comportamientos observables en personas traumatizadas (ej.: "hipervigilancia", "dificultad para recordar", "reacciones impulsivas", "falta de concentración", etc.)

Estructura:

1. Divida a los participantes en tres grupos, cada uno con uno de los papelógrafos y un juego de tarjetas.
2. Ver el video: https://youtu.be/EGVbg6lmz48?feature=shared
3. Cada grupo asocia las tarjetas con su parte del cerebro correspondiente (por ejemplo, "hipervigilancia" con amígdala).
4. El grupo reflexiona sobre cómo estos efectos podrían aparecer en personas a las que acompañan (ej. en consejería, visitas, trabajo comunitario).
5. Cada grupo escribe sugerencias pastorales concretas para acompañar con sensibilidad informada por el trauma.
6. Socialización grupal: se presentan las conexiones descubiertas y estrategias propuestas.

7. Reflexión final: ¿Qué cambia en nuestro acompañamiento cuando entendemos mejor el funcionamiento del cerebro?

Actividad de grupo 2: "Historias del cuerpo: El trauma y la compasión práctica"

Duración estimada: 60 minutos

Objetivo: Desarrollar empatía y autoconciencia sobre cómo el trauma impacta el cuerpo y el comportamiento, y explorar respuestas pastorales sensibles desde un enfoque de cuidado informado por el trauma.

Materiales: Historias breves o viñetas basadas en experiencias reales o de ficción que reflejen síntomas relacionados con trauma y su impacto en el cuerpo y la mente (ej. una adolescente que no puede concentrarse, un adulto con reacciones agresivas repentinas, una madre con ansiedad constante). Pizarras o portafolios, cuaderno personal para reflexión escrita.

Estructura:

1. **Lectura de una viñeta por grupo o pareja.**
2. **Cada grupo responde a las siguientes preguntas:**
- ¿Qué señales del impacto del trauma se observan?
- ¿Qué áreas del cerebro podrían estar afectadas?
- ¿Cómo podríamos reaccionar como comunidad de fe si no comprendemos esto?
- ¿Cómo podríamos responder de forma compasiva e informada?

3. **Discusión en plenaria:** ¿Qué hemos aprendido sobre la relación entre trauma y conducta?
4. **Cierre individual:** Escribir una oración o compromiso pastoral breve que exprese cómo quieren acompañar a otros desde esta nueva conciencia.

La comunidad de fe tiene una oportunidad única de responder a las necesidades específicas de cada etapa de la vida, brindando sanación y resiliencia a quienes han experimentado trauma. Al combinar los principios bíblicos con estrategias prácticas, las comunidades de fe pueden convertirse en refugios de esperanza, restauración y transformación para todos.

En resumen, el trauma es más frecuente de lo que suele reconocerse, como evidencian investigaciones como el estudio ACE. Integrar el enfoque del trauma informado permite que proveedores de cuidado, educadores y comunidades de fe estén mejor preparados para responder a las necesidades de quienes han sido afectados por el trauma. Este enfoque no solo atiende al individuo, sino también impulsa a instituciones y comunidades a adaptarse para ofrecer apoyo de manera más inclusiva, compasiva y eficaz. Más que un modelo de intervención, la atención del trauma informado representa una filosofía que redefine la comprensión y el manejo del trauma, pasando de una perspectiva reactiva a una preventiva, empática y restauradora. Incorporar esta perspectiva en las conversaciones sobre el trauma asegura respuestas más apropiadas y un impacto positivo en las vidas de quienes han enfrentado experiencias adversas.

PALABRAS FINALES

E
l trauma y la pérdida son experiencias estresantes que, si no se abordan eficazmente, pueden llevarnos a enfrentar dificultades en el proceso y manejo de las emociones.

Abordar este tema dentro de la congregación es complejo, ya que requiere que el pastor y sus líderes brinden atención pastoral especializada y consejería profesional. Esto representa uno de los mayores desafíos que enfrenta la comunidad Hispana/Latina en los Estados Unidos. Este es un reto pastoral significativo que exige sensibilidad, preparación y colaboración interdisciplinaria.

Este libro es una guía para quienes sienten el llamado de acompañar a otros en medio del dolor. Quienes han recibido el consuelo de Dios están llamados a convertirse en presencia sanadora para otros. Que este aprendizaje inspire a seguir acompañando con compasión, con humildad y con la certeza de que el sufrimiento no tiene la última palabra.

"Bendito sea el Dios y Padre de nuestro Señor Jesucristo, Padre misericordioso y Dios de toda consolación, quien nos consuela en todas nuestras tribulaciones para que, con el mismo consuelo que de Dios hemos recibido, también nosotros podamos consolar a todos los que sufren"

(2 Corintios 1:3-4, NVI)

ACERCA DEL AUTOR

El Dr. Santiago Reales es un ministro ordenado en la comunidad Bautista, capellán y consejero pastoral. Obtuvo su maestría y doctorado en la Universidad Gardner-Webb en Boiling Springs, Carolina del Norte con un enfoque hacia la Atención al Cuidado Pastoral y Consejería. Su libro es el fruto de su tesis doctoral y proyecto ministerial y comunitario.

Está certificado como capellán clínico y consejero pastoral por el Colegio de Supervisión Pastoral y Psicoterapia (CPSP). Su formación en capellanía clínica tuvo lugar en el Centro Médico Bautista Wake Forest. Además, es coach y posee un título en Arquitectura de la Universidad del Atlántico en Barranquilla, Colombia.

Actualmente, ejerce como capellán clínico en Winston-Salem, Carolina del Norte. También coordina el ministerio "Red Latina" de los Bautistas Cooperativos ("Latino Network" en inglés) en el estado de Carolina del Norte. A lo largo de su trayectoria, ha servido como ministro, conferencista y trabajador social.

REFERENCIAS

Anderson, W. Bernhard and Steven Bishop. *Out of the Depths: The Psalms Speak for Us Today*. Louisville: Westminster John Knox Press, 2010.

Association of Religion Data Archives Arda, Accessed December 4, 2021. https://www.thearda.com/cpb/race2-2019.asp.

Boase, Elizabeth and Christopher G. Frechette. "Defining Trauma as a Useful Lens for Biblical Interpretation." In *Bible Through the Lens of Trauma*, edited by Elizabeth Boase and Christopher G. Frechette, 20. Atlanta: SBL Press, 2016.

Boff, Leonardo and Clodovis Boff. *Introducing Liberation Theology*. Maryknoll: Orbis Books, 2015.

Bonhoeffer, Dietrich. *Life Together*. San Francisco: Harper & Row Publishers, 1954.

Bradford, Renée and Elizabeth Pomeroy. *Trauma and Grief Assessment and Intervention: Building on Strength*. New York: Routledge, 2022.

Bowlby, John. "Loss, Sadness, and Depression." In *Attachment and Loss*. Vol. III. New York: Basic Books, 1980.

Brown, Jenny. "Bowen Family Systems Theory & Grief: Thinking about variation in the grief response and recovery." In *Loss and Recovery: Responding to Grief with the Compassion of Christ and the skills of all God's People,* edited by Margaret Wesley, 156-165. Eugene: Mosaic Press, 2012.

Brown, Raymond E. *An Introduction to the New Testament*. New Haven & London: Yale University Press, 1997.

Brown, Raymond E. "The Gospel According to John." In *The Anchor Bible Commentary*. New York: Doubleday, 1966.

Birch, Bruce C., Walter Brueggemann, Terence E. Fretheim, and David Petersen. *A Theological Introduction to the Old Testament*. Nashville: Abingdon Press, 1999.

Brueggemann, Walter. "The Book of Exodus." In *The New Interpreter's Bible*. Vol. II. Nashville: Abingdon Press, 1996.

------. *Reality, Grief, Hope: Three Urgent Prophetic Tasks*. Grand Rapids: William B. Eerdmans Publishing Company, 2014.

------. *The Message of the Psalms: A Theological Commentary*. Minneapolis: Augsburg Publishing House, 1984.

------. *Spirituality of the Psalms*. Minneapolis: Fortress Press, 2002.

Caplan, Susan. "Intersection of Cultural and Religious Beliefs About Mental Health: Latinos in the Faith-Based Setting." *Hispanic Health Care International* Vol. 17(1) (2019), 4-10.

Carr, M. David. *Holy Resiliency: The Bible's Traumatic Origins*. New Haven & London: Yale University Press, 2014.

Cerdeña, Jessica P et al. "Intergenerational trauma in Latinxs: A scoping review." *Social science & medicine (1982)* vol. 270 (2021): 113662. doi: 10.1016/j.socscimed.2020.113662

Clements, Andrea D. *The Trauma Informed Church: Walking with Others Toward Flourishing*. Columbia: Uplift Press, 2023.

Clinebell, Howard J. *Basic Types of Pastoral Care and Counseling: Resource for the Ministry of Healing and Growth*. Nashville: Abingdon Press,1984.

Cot de la Paz, Marianela. "El Cuidado Pastoral y Los Ritos en la Comunidad Sanadora." In *Nuevos Caminos en Psicología Pastoral*, editado por Daniel Schipani. Buenos Aires: Ediciones Kairos, 2011.

Cot de la Paz, Marianela. "La iglesia como Comunidad Sanadora: Desafíos para la Iglesia Episcopal de Cuba." Tesis de Doctorado. São Leopoldo: Faculdades EST/PPG, 2009.

Crogstad, Jens Manuel and Luis Noe-Bustamante, "Key Facts about U.S. Latinos for National Hispanic Heritage Month." In *Pew Research Center*. Accessed September 9, 2021. https://www.pewresearch.org/fact-tank/2021/09/09/key-facts-about-u-s-latinos-for-national-hispanic-heritage-month/.

Creech, R. Robert. *Family Systems and Congregational Life*. Grand Rapids: Baker Academic, 2019.

Cruz-Villalobos, Luis. *Keys of Posttraumatic Coping. Resilience, Posttraumatic Growth, Religious, and Second Corinthians*. Maule: Independently Academic, 2020.

Culpepper, R. Alan. "The Gospel of Luke." In *The New Interpreter's* Bible, Vol. IX, edited by Leander E. Keck, 3-490. Nashville: Abingdon Press, 1994.

Disparities dashboard, "Health / Mental Health and Mental disorders" In *One Charlotte Health Alliance*. Accessed March 20, 2022.https://www.oneclthealth.org/index.php?module=indicators&controller=index&action=dashboard&alias=disparities.

Doehring, Carrie. *The Practice of Pastoral Care: A Postmodern Approach*. Louisville: Westminster John Knox Press, 2015.

Dombkowski, Hopkins Denise and Michael S. Koppel. *Grounded in the Living Word: The Old Testament and Pastoral Practices*. Grand Rapids: William B Eerdmans Publishing Company, 2010.

Dubi, Mike, Powell Patrick, and Gentry J. Eric. *Trauma, PTSD, Grief & Loss*. Eau Claire; PESI Publishing & Media, 2017.

Ehrman, D. Bart. *Peter, Paul, and Mary Magdalene: The Followers of Jesus in History and Legend*. London: Oxford University Press, Incorporated, 2008.

Ergenbright, Dana, Stacy Conard, Mary Crickmore, Phil Monroe, Bryan Varenkamp, and Debbie Wolcott. *Healing the Wound of Trauma: How the Church Can Help: Facilitator Guide for Healing Groups (Stories from North America)*. Philadelphia: American Bible Society and SIL International, 2021.

Fisher, Janina. *La Transformación del Legado Vivo del Trauma: Libro de trabajo para supervivientes y terapeutas*. Traducción del Inglés: Miriam Ramos Morrison. Barcelona: Editorial Eleftheria, S.L., 2023.

Finney, T. Mark. "Kerigma." In *The New Interpreter's Dictionary of the Bible*, edited by Katharine Doob Sakenfeld. Nashville: Abingdon Press, 2008. Ministry matters. Accessed December 3, 2021, https://www-ministrymatters-com.ezproxy.gardner-webb.edu/library/#/nidb/e0d57be15802550959d50dc3732e6250/koinonia.html.

Focht, Caralie. "The Joseph Story: a Trauma-Informed Biblical Hermeneutic for Pastoral Care Providers." *Pastoral Psychology* 69, no. 3 (2020): 209–223. Accessed July 4, 2022. Doi: https://doi.org/10.1007/s11089-020-00901-w.

Fredman, H. Edwin. *Generation To Generation: Family Process in Church and Synagogue*. New York: The Guilford Press, 1985.

Freeman, J. Stephen. *Grief & Loss: The Beginning of the Journey.* Southbank: Thomson/Brooks/Cole, 2005.

Fretheim, E. Terence. "The Book of Genesis." In *The New Interpreter's Bible,* Vol. I, edited by Leander E. Keck, 600. Nashville: Abingdon Press, 1994.

Garhart, Mooney Caro. *Theories of attachment: An introduction to Bowlby, Ainsworth, Gerber, Brazelton, Kennell & Klaus.* St. Paul: Redleaf Press, 2010.

González, L. Justo. *Mañana: Christian Theology from a Hispanic Perspective.* Nashville: Abingdon Press, 1990.

------. *Introducción a la Teología Mestiza de San Agustín.* Nashville: Abington Press, 2013.

González, L. Justo y Virgilio Elizondo. *¿Quién Es Mi Prójimo?: La Fe Cristiana y la Acción Social.* Filadelfia: Libros Esperanza, 1996.

Grenz, J. Stanley. *Theology for the Community of God.* Michigan: William B. Eerdmans Publishing Company, 1994.

Grosch, Miller A. Carla. *Trauma and Pastoral Care: A ministry handbook.* London: Canterbury Press, 2021.

Gutiérrez, Gustavo. *Teología de la Liberación: Perspectivas.* Salamanca: Ediciones Sígueme, 2004.

Harrill, J. Albert. "Slavery." In *the New Interpreters Dictionary of the Bible,* edited by Katharine Doob Sakenfeld. Nashville: Abingdon Press, 2008. Ministry matters. Accessed December 3, 2021, https://www-ministrymatters-com.ezproxy.gardner-

webb.edu/library/#/nidb/f58547f4c5428d06eb7df9a0d636ce25/slavery.ht
ml.

Heller, Lawrence and Aline LaPierre. *Healing developmental Trauma: How
Early Trauma Affects Self-Regulation, Self-Image, and the Capacity
for Relationship*. Barkeley: North Atlantic Books, 2012.

Herman, Judith. *Trauma and Recovery: The aftermath of Violence from
Domestic abuse to Political Terror*. New York: Basic Books, 2015.

Houck-Loomis, Tiffany. *History Through Trauma*. Eugene: PICKWICK
Publications, 2018.

James, K. Richard and Burl E. Gilliland. *Crisis Intervention Strategies*.
Belmont: Thompson Brooks/ Cole 7th edition, 2013.

Jensen, M. Robin. "Liturgy." In *The New Interpreter's Dictionary of
The Bible,* edited by Katharine Doob Sakenfeld. Nashville:
Abingdon Press, 2008. Ministry matters. Accessed December 3, 2021,
https://www-ministrymatters-com.ezproxy.gardner-
webb.edu/library/#/nidb/8761cc734b2f26f8844f8712e6644ac8/liturgy.htm
l.

Johnson, A. Elizabeth. *La Búsqueda del Dios Vivo: Trazar la Fronteras de la
Teología de Dios*. Cantabria: Editorial Sal Tarrae, 2008.

Jones, Serene. *Trauma and Grace: Theology in a Ruptured World*. Second
edition. Louisville: Westminster John Knox Press, 2019.

Kelley Melissa M. *Grief: Contemporary Theory and the Practice of Ministry*.
Minneapolis: Fortress Press, 2010.

Kessler RC, Aguilar-Gaxiola S, Alonso J, Benjet C, Bromet EJ,
Cardoso G, et al. "Trauma and PTSD in the WHO world mental
health surveys." *Eur J Psychotraumatol 8*, no. 5 (2017). Accessed February

28, 2025. doi:10.1080/20008198.2017.1353383.

Koenig, Harold and Harvey Jay Cohen. "Psychosocial Factors, Immunity, and Wound Healing." *In The Link Between Religion and Health: Psychoneuroimmunology and Faith Factor*, edited by Harold Koenig, 124-138. Oxford: Oxford University Press, 2002.

Koenen KC, Ratanatharathorn A, Ng L, McLaughlin KA, Bromet EJ, Stein DJ, et al. "Posttraumatic stress disorder in the World Mental Health Surveys." *Psychol Med.* 47, no. 13 (2017): 2260–74. Accessed February 15, 2025. doi:10.1017/S0033291717000708.

Langberg Diane, *Suffering and the Heart of God: How Trauma Destroys and Christ Restores*. Greensboro: New Growth Press, 2015.

Larson, G. Dale. *The Helper's Journey: Working with People Facing Grief, Loss, and Life Threatening Illness*. Champaign: Research Press, 1993.

Leming, R. Michael and George E. Dickinson. *Understanding Dying, Death, and Bereavement*. Fifth Edition. Belmont: Wadsworth Publishers, 2002.

Lozano, Nora O. "Light from Hispanic/Lati@ Theologies." In *Sources of Light*, edited by Amy L. Chilton and Steven R. Harmon, 49. Macon: Mercer University Press, 2020.

Maldonado, Jorge E. *Crisis, Pérdidas y Consolación en la Familia*. Grand Rapids: Libros Desafíos, 2002.

------. *Aún en Las Mejores Familias*. Grand Rapids: Libros Desafíos, 2002.

Mann, J. Samuel. "Joseph and His Brothers: A Biblical *Paradigm for* the Optimal Handling of Traumatic Stress." *Journal of Religion and Health*, 40, no. 3 (Fall, 2001): 337.

McCann, Jr. J. Clinton. "The Book of Psalms." In *The New Interpreter's Bible*. Vol. IV. Nashville: Abingdon Press, 1994.

McClintock, A. Karen. *Trauma-Informed Pastoral Care*. Minneapolis: Fortress Press, 2022.

MacMinn, Mark R. *Psychology, Theology, and Spirituality in Christian Counseling*. Carol Stream: Tyndale House Publishers, 2014.

Mcloskey, Donna Jo, McDonald, Mary Anne, Cook, Jennifer, *Heurtin Roberts*, Suzanne, Updegrove, Stephen, Sampson, Dana, Gutter, Shelia, and Eder, Milton. *"What is Community Engagement."* Agency for Toxic Substances and Disease Registry. Accessed December 23, 2022. https://www.atsdr.cdc.gov/communityengagement/pce_what.html.

Migliore, L. Daniel. *Faith Seeking Understanding: An Introduction to Christian Theology*, 3rd Edition. Michigan: William B. Eerdmans Publishing Company, 2014.

M. K. Keyes, C. Pratt, S. Galea, K. A. McLaughlin, K. C. *Koenen*, y M. K. Shear. "La carga de la pérdida: muerte inesperada de un ser querido y trastornos psiquiátricos a lo largo del curso de la vida en un estudio nacional." *La revista americana de psiquiatría 171*, no. 8 (2014): 864–871. (2014). Accessed March 5, 2025. https://doi.org/10.1176/appi.ajp.2014.13081132

Miranda, O. Alexis. "Latino Families: The Relevance of the Connection Among Acculturation, Family Dynamics, and Health for Family Counseling Research and Practice." *The Family Journal: Counseling and Therapy for Couples and Family*, Vol. 14 No. 3, (July 2006) 268-273. Accessed December 24, 2021, https://journals-sagepub-com.ezproxy.gardner-webb.edu/doi/pdf/10.1177/1066480706287805.

Mollica. Richard F. *Healing Invisible Wounds: Path to Hop and Recovery in a Violent World*. Nashville: Vanderbilt University Press, 2009.

Monfalcone, W. R. "Trauma." In *The Dictionary of Pastoral Care and Counseling*, edited by Rodney J. Hunter. Nashville: Abingdon Press, 2008.

Montilla, Esteban and Ferney Medina. *Pastoral Care and* Counseling *with Latino/as*. Creative Pastoral Care and Counseling Series. Minneapolis: Fortress Press, 2006.

Murray, Bowen. *Family Therapy in Clinical Practice*. New York: Jason Aronson, Inc., 1978.

Neimeyer, A. Robert. *Lessons of Loss: A Guide to Coping with Grief*. Barcelona: Ediciones Paídos Ibérica, 2002.

Nouwen, Henri J. M. *The Wounded Healer: Ministry in Contemporary Society*. New York City: Doubleday Religion, 2010.

Oates, E. Wayne. *Behind the Masks: Personality Disorders in Religious Behavior*. Louisville: The Westminster Press, 1987.

Ordoñez, Elizabeth. "North Carolina's Hispanic Community: 2020 Snapshot." In *Carolina Demography*. Accessed March 20, 2022, https://www.ncdemography.org/2021/02/05/north-carolinas-hispanic-community-2020-snapshot/ Carolina Demography.

Overton, L. Brianne and Rocco R. Cottone. "Anticipatory Grief: A Family Systems Approach." *The Family Journal: Counseling and Therapy for Couples and Families* Vol. 24(4) (2016), 430-432.

Pagán, Samuel. *Comentario de los Salmos*. Kindle Edition, Miami: Editorial Patmos, 2007.

Pérez, Sales Pau. *Trauma, Culpa y Duelo: Hacia Una Psicoterapia integradora.* Bilbao: Editorial Desclée De Brouwer, S.A., 2006.

Peterson, L. Eugene. *Working the Angles: The Shape of Pastoral Integrity.* Grand Rapids: William B Eerdmans Publishing Company, 1993.

Pontón, Marcel. *Dinámicas Familiares a través de la Vida de José: La Túnica del Padre.* Barcelona: Editorial CLIE, 2016.

Pruser, W. Paul. *La Diagnosis Pastoral.* Grand Rapids: Libros Desafío, 2005.

Quick Facts. "North Carolina." *United State Census Bureau.* Accessed February 20, 2022. https://www.census.gov/quickfacts/fact/table/NC/RHI725219#RHI725219

Radillo, M. Rebeca. *Cuidado Pastoral Contextual e Integral.* Grand Rapids: Libros Desafíos, 2007.

Rambo, Shelly. *Spirit and Trauma: A Theology of Remaining.* Louisville: Westminster John Knox Press, 2010.

Ramirez, Amelia. "Latino Childhood Development Research: Childhood Trauma." *Salud America.* Accessed July 20, 2022. https://salud-america.org/latino-childhood-development-research-childhood-trauma/

Rando, A. Therese. *Grief, Dying, and Death: Clinical Interventions for Caregivers.* Illinois: Research Press Company, 1984.

Roetzel, J. Calvin. "2 Corinthians." In *Abingdon New Testament Commentaries*, edited by Victor Paul Furnish. Nashville: Abington Press, 2007. Accessed December 6, 2021. https://www-ministrymatters-com.ezproxy.gardner-webb.edu/reader/9781426759673/#chapter01a.html!lev55.

Rollin, S. Armour, "Service." In *Mercer Dictionary of the Bible*, edited by Watson E. Mills, 812. Macon: Mercer University Press, 1991.

Sampley, Paul J. "The Second Letter to The Corinthians: Introduction, Commentary, and Reflections." Vol. XI. In *The New Interpreter's Bible*. Nashville: Abingdon Press, 1994. Accessed December 6, 2021. https://www.ministrymatters-com.ezproxy.gardner-webb.edu/library/#/tnib/8 6dac6525d8fbfb7 191852e51a8ab646/2-corinthians-13-11-blessing-of-god.html.

Sawyer, W. Thomas. "Mary." In *Mercer Dictionary of the Bible*, edited by Watson E. Mills, 555. Macon: Mercer University Press, 1991.

SAMHSA's Programs and Campaigns, "Trauma and Violence." *Substance Abuse and Mental Health Services Administration (SAMHSA)*. Accessed March 22, 2022. https://www.samhsa.gov/traumaviolence#:~:text=SAMHSA%20describes%20individual%20trauma%20as,physical%2C%20social%2C%20emotional%2C%20or.

SAMHSA's Trauma and Justice Strategic Initiative, "Next Steps: Trauma in the Context of Community." *SAMHSA's Concept of Trauma and Guidance for a Trauma-Informed Approach,* (2014): 1-19. Accessed July 30, 2022. from https://ncsacw.acf.hhs.gov/userfiles/files/SAMHSA_Trauma.pdf

Substance Abuse and Mental Health Services Administration (SAMHSA). *Trauma-Informed Care in Behavioral Health Services. Treatment Improvement Protocol (TIP) Series 57.* HHS Publication No. (SMA) 13-4801. Rockville, MD: Substance Abuse and Mental Health Services administration, 2014.

Schipani, S. Daniel. *Camino de Sabiduría – Consejería Cuidado: Psico-Espiritual.* Orlando: AETH Publishing, 2019.

Schipani, S. Daniel. *Manual de Psicología Pastoral: Fundamentos y Principios de Acompañamiento*. Orlando: AETH Publishing, 2016.

Soelle, Dorothee. *Suffering*. Philadelphia: Fortress Press, 1975.

Stone, W. Howard. *Theological Context for Pastoral Caregiving: Word in Deed*. New York: The Haworth Pastoral Press, 1996.

Stone, W. Howard. *Crisis Counseling*. Third Edition (Creative Pastoral Care and Counseling), Minneapolis: Fortress Press, 2001.

Substance Abuse and Mental Health Services Administration. *Trauma-Informed Care in Behavioral Health Services*. Treatment Improvement Protocol (TIP) Series 57. HHS Publication No. (SMA) 13-4801. Rockville, MD: Substance Abuse and Mental Health Services Administration, 2014.

Sullender, R. Scott. *Trauma and Grief: Resources and Strategies for Ministry*. Eugene: Cascade Books, 2018.

Tan, Siang-Yang. "Spiritual Interventions in Healing and Wholeness," in *Faith and Health: Psychological Perspectives*, edited by Thomas G. Plante and Allen C. Sherman, 305. New York: the Guilford Press, 2001.

Titelman, Peter. "Death and Differentiation in the Family." *In Death and Chronic Illness in the Family: Bowen Family System Theory Perspectives*, edited by Peter Titelman and Sydney K. Reed. New York: Routledge Taylor & Francis Group, 2019.

United States Census Bureau. *"Quickfacts of North Carolina."* Accessed February 20, 2022. https://www.census.gov/quickfacts/fact/table/NC/RHI725219#RHI725219.

Van Deusen, Hunsinger Deborah. "Practicing Koinonia." *Theology Today,* Volume 66 (2009): 346-367.

Van der Kolk, Bessel. *The Body Keeps the Score: Brain, Mind, and Body in the Healing Trauma.* New York: Penguin Books, 2014.

Wolfelt D. Alan, *The Anxiety of Grief: How to Understand, Soothe, and Express your Fears after a loss.* Fort Collins: Companion Press, 2023.

Worden, J. William, *Grief Counseling and Grief Therapy: A Handbook for the Mental Health Practitioner.* 4th Edition. New York: Springer Publishing Company, 2009.

Yoo, Sanghoon. *Caring for Trauma in the Church: Reading the Bible with Trauma-Informed Lens.* Columbia: Independently Publish, 2022.

RECURSOS:

1. Institute for Collective Trauma and Growth: https://www.ictg.org/congregational-blog
2. Institute for Collective Trauma and Growth: https://www.ictg.org/denominational-relief-organizations.html
3. American Psychological Association: https://www.apa.org/topics/trauma/
4. CNTR (Coalition for National Trauma Research): https://www.nattrauma.org/trauma-statistics-facts/
5. Trauma Healing Institute (THI): https://traumahealinginstitute.org
6. National Hispanic and Latino MHTTC (Mental Health Technology Transfer Center network): https://mhttcnetwork.org/centers/national-hispanic-and-latino-mhttc/home
7. Center of excellence for Health Disparities Research of University of Miami: The Hispanic stress Inventory. https://elcentro.sonhs.miami.edu/research/measures-library/hsi2/index.html

8. American Psychiatric Association. Stress & Trauma Toolkit for Treating Hispanics in a Changing Political Social Environment: https://psychiatry.org/psychiatrists/diversity/education/stress-and-trauma/hispanics

9. The Institute of Trauma and Trauma Informed Care (ITTIC) https://socialwork.buffalo.edu/social-research/institutes-centers/institute-on-trauma-and-trau ma-informed-care.html

10. The National Child Traumatic Network: https://www.nctsn.org

11. Attachment and Trauma Treatment Centre for Healing (ATTCH): https://www.attachment-and-trauma-treatment-centre-for-healing.com/blogs/understanding-a nd-working-with-the-window-of-tolerance.

12. Somatic Experiencing International: https://traumahealing.org